いつも自分のせいにする

罪悪感が

すーっと消えて

なくなる本

根本裕幸

Discover
ディスカヴァー

プロローグ　いつも自分をゆるせないのは、なぜ？

とつぜんですが、次のようなことに思いあたる節はありませんか？

- なにかと自分を責めて「ダメ出し」する癖がある
- 過去に自分がしたことに対して、「後悔していること」がある
- うまくいかないことがあると「自分が悪いから」と思ってしまう
- 一方で、うまくいかないことがあると「だれかのせい」にしてしまう
- 仕事でも恋愛でも「無理してがんばりすぎてしまう」ことがある
- 自分と仲よくしてくれる人に「どこか申し訳ない」気持ちを感じている
- 大切な人を傷つけてしまいそうな「怖れ」を感じることがある
- 「しあわせになってはいけない」ような漠然とした思いがある
- だれかを助けられなかった「痛い思い出」がある

○なにかと自分を「追いつめる癖」がある
○他人の期待に「過剰に応えようとしてしまう」ところがある
○人からの「感謝や愛情」を素直に受けとることができない
○「自分は愛されるわけがない」と思いこんでいる節がある
○仕事や恋愛をがんばっているのに「報われない思い」を抱えている

これらはほんの一部ですが、罪悪感が心の中にあるときによく起こる反応です。

罪悪感という感情は、私たちの人生において非常に重要な影響を与えるもので、この感情があると、私たちは自分がしあわせになることをゆるせなくなります。

しかし、**明らかにだれかを傷つけてしまったというようなわかりやすい罪悪感ならば自覚できるのですが、そうでない罪悪感の場合、自分にそれがあることに気づいていないこともとても多い**のです。

私はカウンセラーとして、20年近くの間に、ほんとうにたくさんの方にお会いしてきました。その中で一番問題になる感情がこの罪悪感であることに気づいたのですが、意外にも自分が罪悪感を抱え、それによって苦しんでいる（＝しあわせになれない）ことに、多くの方は気づいていなかったのです。

そのため私は、この**罪悪感を手放し、自分をゆるすための方法**を、あれこれと研究することになりました。

しあわせのジャマをする「罪悪感」を手放す

罪悪感があると、自分を罰し、自分がしあわせになれないような道を〝無意識に〟選択してしまいます。意識的には自分がしあわせになれると思って選んだ仕事、恋人、環境なのに、なぜか、自分が傷つくような、全然しあわせを感じられないような状況に陥ってしまうのです。

「職場の人間関係がいつもうまくいかないんです」「がんばって成果を出そうとしているのに、いつもさっぱりなんです」「パートナーといつもケンカばかりで疲れてしまいます」「子どもに対して怒ってばかりで全然いい母親になれません」「人と親密になりたいと思うのに、親密になりそうになると逃げてしまいたくなるんです」

そんなお話をうかがっていると、もちろんすべてのケースではありませんが、その問題の陰に罪悪感をよく発見します。

そして、**その罪悪感を少しずつ手放す（つまり、自分をゆるしていく）**と、**不思議とそ**

の問題がよい方向に解決しはじめていきます。

「愛」の感情に心を向ければ、生きやすくなる

本文でも触れますが、私はそうした罪悪感のさらに裏側には、大きな「愛」があることに気づきました。

子どものことを愛しているからこそ、子どもに罪悪感を覚えます。

パートナーを愛しているからこそ、ふがいない自分を罰しようとします。

人が大好きだから、人間関係のトラブルを自分のせいだと感じてしまいます。

罪悪感はちょっとしたことで生まれる感情ですので、それをすべてなくすことは提案していません。しかし、その**罪悪感の裏側にある「愛」に意識を向けることで、私たちは自分を肯定し、ゆるし、そして、ずいぶんと生きやすくなるのです。**

この本では、これらの罪悪感について深く解説し、その裏側にある愛に気づく方法や、自分をゆるすアプローチなどを、多くの事例とともにご紹介しています。

あなたがこの感情から解放され、自分らしい、しあわせな人生を歩んでいく一助になれば幸いです。

いつも自分のせいにする罪悪感がすーっと消えてなくなる本

もくじ

STEP 1

なぜ私たちは、罪悪感を抱くのか？

3 罪悪感が引き起こすさまざまな行動や問題

STEP

2

今の罪悪感をすーっとなくす、自分のゆるしかた

STEP

3

罪悪感から解放された「ゆるし」の事例

STEP 1

なぜ私たちは、罪悪感を抱くのか？

1

罪悪感とは
「自分は罰せられる
べきである」と
思いこむ感情のこと

「しあわせじゃない」のうしろに、罪悪感が潜んでいる

自分をゆるせないのは、罪悪感があるから

心理学の格言に「もしあなたが今、しあわせを感じられないのであれば、あなたは自分をゆるしていない」というものがあります。つまり、あなたが今、しあわせでないのは、理由はともかくとして罪悪感を覚え、自分がしあわせを感じることをゆるせていない、ということを表しているのです。

もちろんこれは、すぐにピンとくる話ではないかもしれません。

罪悪感という感情は「自分が悪い」「自分のせいだ」という明らかなものから、潜在意識の深くに潜んで自分を罰するように動くものまで、さまざまな形態をとります。

その潜在意識の奥深くに眠る罪悪感には、ふつうは気づくことができません。だから、私たちカウンセラーは「状況証拠」からその存在を特定しようとするのです。

なぜ、そんなにも魅力的なのに、あえてしあわせになれない恋を選ぶのか？

なぜ、素晴らしい能力があるのに、自分を傷つけるような職場にい続けるのか？

なぜ、いつも過酷で、報われない仕事ばかりを選ぶのか？

なぜ、自分の価値を信じられず、しあわせになれない人間関係の中に飛びこんでしまうのか？

なぜ、子どものことを深く愛しているのに、自分の愛に自信が持てないのか？

クライアントさんたちのそんな物語を耳にするとき、「もしかしたら、そこに罪悪感があるのではないか？」と推測するのです。

POINT

あなたがしあわせを感じられない裏には「罪悪感」が隠れていて、自分のことをゆるせないことが原因かもしれません。「私には罪悪感があるのかも」という視点を持ってみませんか？

罪悪感は、さまざまなかたちをとる

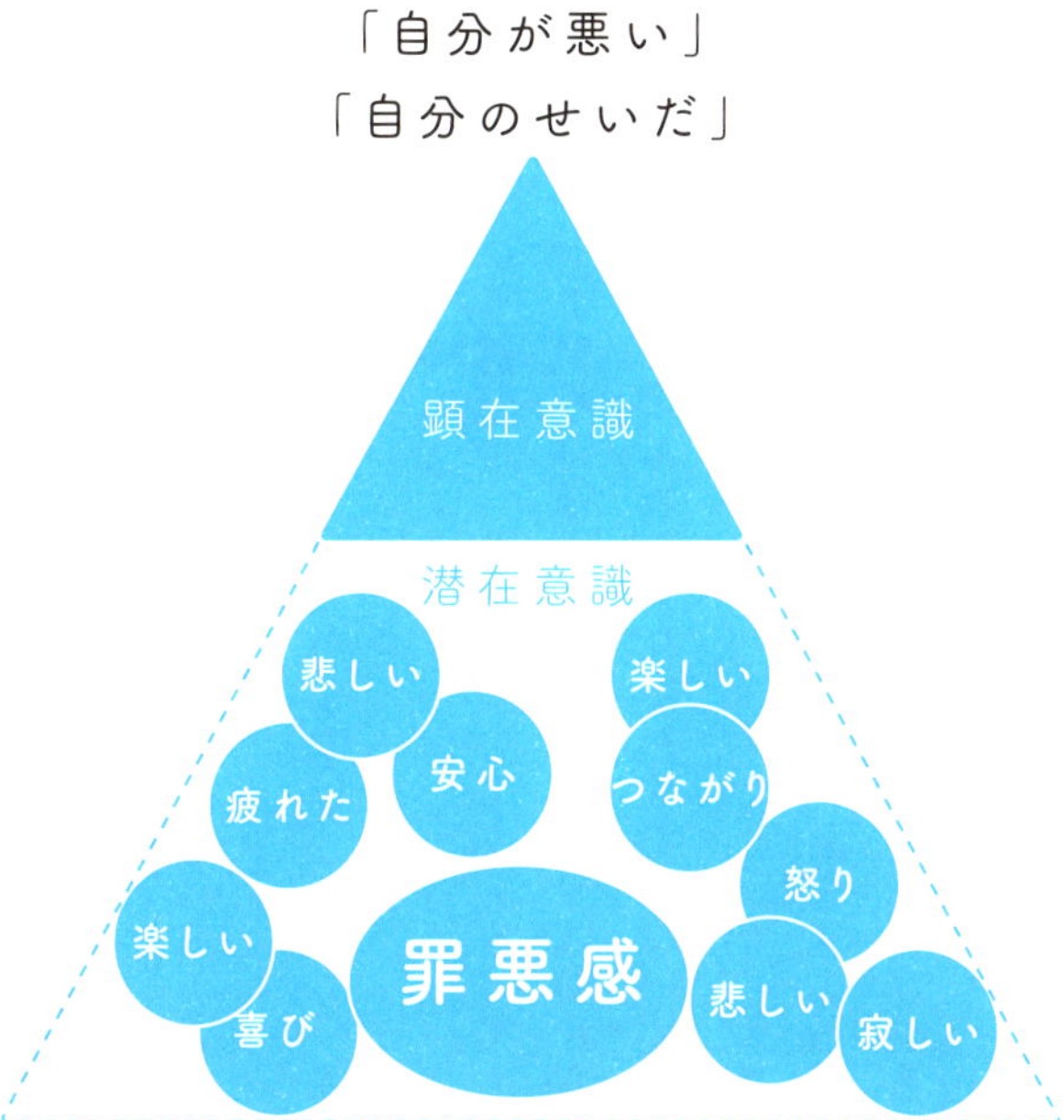

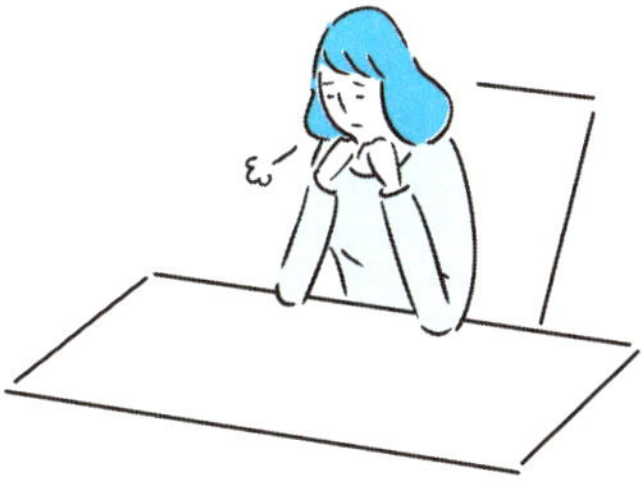

潜在意識の奥深くに眠る罪悪感は、気づきにくい

だれもがみんな罪悪感を持っている

罰の執行人は「自分自身」

罪悪感という感情は、意識していてもいなくても、自分をしあわせにしないように自分を導きます。その感情があると**「自分は罰せられるべきである」**と思うようになり、自分を傷つけ、苦しめ、しあわせではない状況を自ら引き寄せます。

それはまるで重罪を犯した犯罪者が、過酷な罰を受けるような状況によく似ています。ただ違うのは、そこには公正な判断をする裁判官も、あなたを弁護する人もおらず、ただただ冷酷な執行人がいるのみだということです。

もちろん、その執行人は罪悪感にとりつかれ、「もっと厳罰を与えるべきだ」と主張するあなた自身にほかなりませんが……。

あるセラピストがこんな表現をしています。

「もし、人から罪悪感という感情を取り除いたら、だれもがただしあわせになってしまう」と。

実は罪悪感という感情は、それくらい強い影響力をあなたの人生に及ぼす存在なのです。

逆にいえば、もしあなたが今、しあわせでないのであれば、そこに罪悪感がある、と思っていいのです。

ルールがあるからゲームは楽しい

では、なぜ、私たちの人生にそのような「自分をしあわせにしない感情」が必要なのでしょうか？

少しスピリチュアルな表現になるかもしれませんが、どうぞ、おつきあいください。

たとえば、サッカーというスポーツは「キーパー以外のプレイヤーは手を使ってボールを動かしてはならない」というルールがあります。また、故意に相手の動きを妨害すれば「ファール」になり、ひどい場合はレッドカードが提示されて退場となります。そもそもキーパーを含めて11人で戦うことが義務づけられたゲームです。

そういうルールがあってはじめてサッカーというゲームがおもしろくなります。手を使えたらもっと楽だし、人数無制限だったら簡単に勝ててしまうのだろうけれど、それではつまらなくなります。

そもそもどんなゲームもスポーツも、そうしたルールやさまざまな制約があって初めて喜びを感じられます。

あなたがボーリング場に行ったとき、スタッフから「みなさん、今日は大サービスで、全員が300点満点をとれるように、私たちが全力でサポートします。ほら、ご覧ください。ピンの前には私たちのスタッフが準備していて、みなさんがボールを投げた瞬間に手でピンをお倒しします。素晴らしいでしょう？」と言われたら、やる気になるでしょうか？

ボーリングにしても、サッカーにしても、ゴルフも、インターネットのゲームも、すぐにはうまくいかないからおもしろいし、楽しいのです。必ず300点とれるボーリング場を開設したとしても、おそらくすぐにつぶれてしまうでしょう。
ルールや制限は不自由なもので、時にはストレスのもととなります。
しかし、そのルールのおかげでゲームがおもしろくなり、ドラマが生まれるのです。

POINT

私たちは罪悪感から、自分に過酷な刑を与えてしまっています。
でもそれは、人生をよりおもしろくするための、
「ルール」なのかもしれません。

「罪悪感」があるから、「しあわせ」も感じることができる

人生というドラマの演出に欠かせない罪悪感の存在

ルールや規則がゲームを楽しくすることから、さらに意識を広げて、「自分は今、人生というゲームをプレイしているんだ」と思ってみてください。簡単にクリアしてしあわせになってしまうような人生ではつまらないのです。次々と問題が起き、悩み、どうしていいのかわからずに葛藤し、それを乗り越えていく人生のほうが、ゲームとしてはおもしろくなると思いませんか?

私たちの「人生というゲーム」において、そのルールや制限となる最大の要素が「罪悪感」なのです。

だから、時にこういう比喩をするときがあります。

「あなたが地球に生まれるときに『どんな感情を持っていってもいいよ！』と言われたら、おそらく圧倒的な一番人気は『罪悪感』なんですよ」

つまり、罪悪感という感情は、私たちを苦しめ、悩ませるものですが、その一方で、人生というゲームを盛り上げる制約条件となり、私たちの人生にドラマを演出してくれる感情であるともいえるのです。

罪悪感は、消そうとするのではなく、共存を目指せばいい

それくらい重要な感情ですから、私も罪悪感をすべて癒すことは、提案していません。むしろ、罪悪感というのはそれくらい根深い感情で、ちょっとしたことで生まれるので、上手につきあえるようになりましょう、という提案をしているのです。

罪悪感を悪者として切り捨てるのではなく、つきあい方を学んでいくイメージです。

病気でいえば「持病」みたいなものでしょうか。

その病気の癖がわかっていれば、あなたもきっと対処することができるでしょうし、その病気を持ちながらもしあわせになることは可能です。

罪悪感も同様で、それがあるからしあわせになれないのではなく、うまく共存することで、しあわせを感じることができるのです。

POINT

罪悪感は、人生をよりおもしろくするためのルールだととらえ、
それをなくそうとするよりも、
上手につきあっていく方法を学ぶほうが、
より簡単にしあわせを感じられるようになります。

罪悪感が、罪悪感を生み、罪悪感を広げていく

罪悪感は、知らない間に自分を追いつめる

罪悪感という感情は「重い荷物」に例えられるように、さまざまなものを背負わせようとしてきます。

たとえば、あなたはあるプロジェクトに所属して業務をこなしています。マネージャーは別にいてスケジュールや進捗を管理していますし、ほかのメンバーもそれぞれマネージャーから割り当てられた仕事をこなしています。もちろん、あなたにも「これをやってくれ」と頼まれた業務があるのですが、なぜかそれだけでは足りず、もっとがんばらなきゃいけないような気がしています。

すると後輩がなにかにいきづまっていたら、なんとなく自分が「それ、俺がやっとくよ」と引き受け、先輩がスケジュール的に厳しい状況にあることに気づいたら、

「私にも手伝わせてください」とサポートに入ります。

その結果、自分の担当業務が圧迫されるわけですから、あなたは日々の残業だけでは間にあわず、休日も出社して仕事をこなすようになってしまいます。

当然、疲労は回復せず、どんどんストレスもたまっていくのですが、それを**「自分の能力が足りないだけだ」と解釈して、自分を追いつめていきます。**

自分の心だけにとどまらず、まわりの人にも罪悪感を与えてしまう

もうひとつ例を挙げましょう。あなたは奥さんと子どもが2人いる家庭の大黒柱だとします。仕事をがんばって家族に安定や安心をもたらすと同時に、子育てで忙しい奥さんへのフォローも抜かりはありません。仕事で疲れていても「パパ、公園に行こうよ」と言われたら、休みたくても「よし！　わかった！　ボールを持っていこうか？」と自転車に子どもを乗せて公園まで走ります。家に戻れば奥さんが少しでも楽になるように家事をします。「子どもの宿題見てやってくれない？」と頼まれたら、「よし、わかった」と子ども部屋に向かうのです。

それはまわりから見れば、理想的なパパに映っているでしょう。奥さんもきっとあ

なたに感謝しているはずです。

あなたもそれは当然のこととしてがんばっているのですが、職場での激務で体が休養を要求していても、残念ながらその声は後回しにしてしまいます。

自分のことよりも奥さんや子どもたちを、そして、職場や取引先の人たちを優先させてしまうのです。もちろん、やりたいことではあるのかもしれませんが、必要以上に抱えこんでいるので、心はだんだん悲鳴をあげていきます。

やっていることは素晴らしいこと。しかし、自分の心や体の声を無視して多くを背負いこんでしまうのならば、それはほんとうに彼らの役に立つものではなくなります。

もし、あなたが倒れてしまったら、まわりの人たちはなにを感じるでしょう?

彼らが強い罪悪感にさいなまれることが、わかるでしょうか?

罪悪感から多くを背負いこんでしまうことは、結果的にまわりの人たちに罪悪感を与えることになってしまうのです。

そんな心理を象徴する逸話がありますので、次にご紹介したいと思います。

あなたが配ったのは、喜びなのか？　罪悪感なのか？

あなたは今日、家に友人たちを招いてパーティをすることにしました。そこであなたは、みんなが喜ぶように、温かいスープを前日から仕込み、みんなに振る舞うことにします。

たくさん友人が集まるので作る量もたくさん。みんなが集まってきておしゃべりをしている間も、そんな声をうれしく聞きながらスープの仕上げにかかっていました。「さあ、できたぞー！」とみんなに声をかけて、お皿に次々とスープをそそぎ、みんなに分けていきます。彼らはスープを飲んで「美味しい!!」と喜び、どんどんスープを平らげてくれます。

あなたはそんな様子がうれしくて「どんどんお代わりしてくれよ」とみんなに語りかけます。みんなは次々にお皿を持ってきてお代わりしてくれます。その様子がとてもうれしくて、あなたはどんどんスープを配ります。そして、みんなが「いやー、美味しかったよ。ありがとう！」と口々に言ってくれました。

そんなときに、あなたのお腹がグーッと鳴ります。

みんなは「あれ？」という顔をして、あなたに「え？　おまえは食べてなかったの？」と聞いてきました。

「いやいや、みんなの顔を見てたらうれしくて、自分のことなんて忘れてたんだ。なにか適当につまむから僕は大丈夫だよ」

しかし、あなたのその話を聞いたみんなの表情は、どんどん曇っていきました。

「ごめん。おまえのこと考えずに、俺、3杯もお代わりしちゃった」という友人もいます。なんとなく、その場の空気が沈んでいってしまったのです。

まわりからの愛を受けとることが、しあわせにつながる

さて、あなたはみんなのためにスープを作り、みんなを笑顔にしたところまではよかったのですが、自分の空腹感を我慢してまでスープを与えたことがわかると、みんなも罪悪感を覚えたのです。

あなたは「喜びを配りたい」と思っていました。けれども、結果的にみんなに罪悪感を配ることになってしまったということです。

罪悪感があると、そうした犠牲的な態度をつくりだし、**「僕はいいからみんながし**

あわせになってよ」という思いを抱かせます。

でも、みんなは「あなたも一緒にしあわせになろうよ」と思っています。

つまり、そこではみんながあなたに対して感じている「愛」が受けとれていません。だから、喜びを配るつもりが、罪悪感を配ってしまうことになるのです。

この罪悪感から解放されるためには「受けとること」がひとつのカギになります。

みんなからの愛情である**「感謝」を受けとる**のです。その愛が受けとれるようになると、あなたは今よりもっと楽に、自分らしくリーダーシップを発揮することができるようになるでしょう。

スープを自らのお皿になみなみとそそぎ、「おー！　美味しいなあ！　めちゃくちゃうまいぞ！　俺って天才かも！　おまえたちもどんどん飲めよ！」と自らが喜び、楽しむこと。それがほんとうのリーダーシップです。

POINT

「だれかのために」とがんばることは素晴らしいこと。
しかし、それが自分の心を犠牲にしてのことならば、
たとえ善意でした行為も、結果的に罪悪感をばらまく行為に。
まずは、自分が「受けとること」がとても大切です。

罪悪感をためこむと まわりにばらまいてしまう

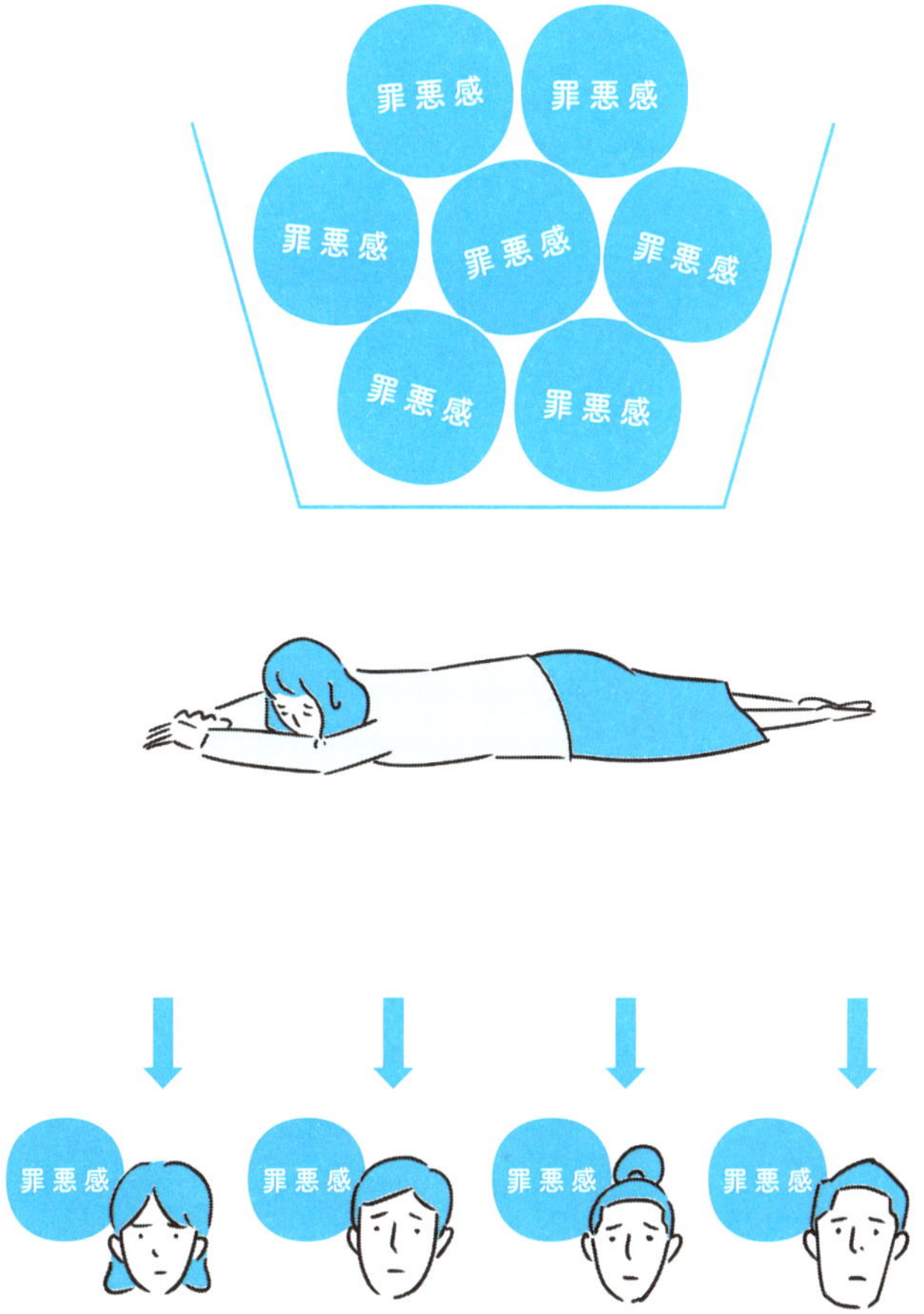

罪悪感が、新しい罪悪感を生み出す

2

罪悪感の 16の兆候と 7つのタイプ

自分の中の罪悪感の兆候を受け入れて、共存する

「私は罪悪感を持っている」ということを、認める

罪悪感は「私が悪い。私のせいだ。私は罰せられるべきだ」という感情そのままに存在が示されるわけではありません。

だから、ふつうに生活していると、自分にはあまり罪悪感がないように思えるのですが、実際はこのあと兆候として紹介するような感覚・思いとして意識されるケースのほうが圧倒的に多いのです。こうした感覚がひとつでも当てはまるようでしたら、自分の中にもしっかりと罪悪感が根づいているということを知ってください。

とはいえ、先にも述べましたが**「罪悪感がある＝いけないこと」というふうに解釈するのはとても危険です。罪悪感というのは「あって当たり前」といってもいい感情なので、むしろその存在を認め、共存していくように考えることをおすすめします。**

兆候 1

自分はしあわせになってはいけないような気がする

漠然としたこの思いを感じたことがあるならば、あなたの潜在意識には罪悪感がひっそりと眠っているのかもしれません。罪悪感は「おまえはしあわせになる資格などない！」とあなたにささやきかけているのです。

兆候 2

自分は大切な人を傷つけてしまうと思う

罪悪感はあなたにさらなる罪を要求します。すなわち、だれかを攻撃し、傷つけることを求めてきます。だから、あなたはいつもこの思いに駆られることになります。

兆候 3

大切なものは自分から遠ざけてしまいたくなる

そして、自分が大切な人を傷つけてしまうと思えば、その人を大切に思う分だけ、その人を遠ざけたくなるでしょう。愛する人を遠ざけたくなるような矛盾した思いを、罪悪感はあなたに突きつけてくるのです。

兆候 4 愛する人と距離が近づくと怖くなり、逃げたくなる

その人のことを愛するがゆえに遠ざけたくなるのであれば、その人との距離が縮まることは恐怖に違いありません。なぜならば、あなたは愛する人を傷つけたくはないからです。だから、このような葛藤を抱えることになります。

兆候 5 自分は穢れていると思う

なにかのきっかけで罪悪感を覚えたとき、あなたは自分が穢れてしまったような感覚にさいなまれるでしょう。取り返しのつかないことをしてしまったような、もう、きれいな心や体には戻れないような錯覚に陥るのです。

兆候 6

自分は迷惑な存在なんじゃないかと思う

罪悪感はつねに自分を攻撃します。「おまえなんていないほうが、みんなしあわせなんだ！」と思わせてくるのです。だから、この感情があると、つねに自分がまわりの人に迷惑をかけているような気持ちになり、そこにいられなくなります。それこそが罪悪感の思うつぼなのです。

兆候 7

しあわせになることが怖いし、信じられない

罪悪感はあなたに「自分は罪な存在であり、悪党なのだから、しあわせになんかなれない」と思いこませようとします。だから、素晴らしい栄光や成功や恩恵がやってきても、それを素直に受けとることができないばかりか、逃げ出したくなるのです。時にはだまされていると感じることすらあるでしょう。

兆候 8

だれかに愛されるという発想がない

自分のことを「悪いやつ、迷惑なやつ」と思いこんでいるのならば、そんな人をだれが愛するというのでしょう？　罪悪感が強くなればなるほど、「自分がだれかに愛されることなんてない」と信じるようになるのです。

兆候 9

だれかの愛が受けとれない

そんなときにあなたに向けられた愛があったとしても、それを素直に受けとることなんてできません。時にはその愛が自分を傷つける刃のように見えたり、自分を笑いものにしようとする罠のように見えたりするものです。

兆候 10

助けを求めることが苦手だ

あなたを苦しめることが罪悪感の目的ですから、あなたが救われるために、だれかに助けを求めることなどゆるせません。だから、あなたは限界を超えても、ひとりでなんとかしようとすべてを背負いこもうとするに違いありません。

兆候 11
自由になることはだれかに迷惑をかけるものだと思っている

罪悪感はあなたの自由を束縛し、牢屋に閉じこめるがごとく、行動や思考を制限します。だから、「あなたが望む自由は人に迷惑をかけるもので、決してあなたをしあわせにしないものだ」と耳元でささやいてくるのです。

兆候 12
問題が起こると自分のせいのように感じてしまう

罪悪感はあなたのプロジェクトや家族に問題が起きたとき、真っ先に自分を責めるように仕向けるものです。あなたのせいで進捗が遅れているのであり、あなたのせいでケンカが起きているのだと、そう思いこませようとするのです。

兆候 13

自分は毒のような存在だと思っている

自分が毒だと思えば、ここまで紹介してきたパターンも、すべて理解できるのではないでしょうか？

あなたは毒なのですから、愛する人を遠ざけたくなるし、愛を受けとることなどできないし、だれかに助けを求めることなんてゆるされないし、むしろ、人に迷惑をかける存在だと信じこんでしまうことでしょう。

兆候 14

うまくいきそうになるとつぶしてしまいたくなる

罪悪感はあなたのしあわせや成功を望みません。だから、うまくいきそうになると、それをつぶしたくなるような衝動を起こさせます。素晴らしい契約がとれそうになったとき、愛する人との結婚を意識したとき、夢のような報酬を提示されたとき、あなたはそれを拒否したくなってしまうのです。

兆候 15

そもそもなにかを壊したい欲求が自分の中にある

罪悪感は自分自身を罰するために、あなたを傷つけようとし続けます。それがもとでなにかを壊したい、だれかを傷つけたい衝動に駆られることも少なくありません。その思いは、あなたの自己破壊的な欲求が投影されたものであることを知る必要があります。

兆候 16

自分は表に立ってはいけないと思っている

あなたは罪を償わなければいけない存在なのですから、スポットライトは似合わない、だから、いつも日陰のじめじめした暗い場所で過ごすべきだと、罪悪感は語りかけてくるのです。

罪悪感の兆候を知り、受け入れることから始めるここで紹介したような思いを漠然と感じているならば、あなたの潜在意識には、罪悪感がしっかり根を張っている可能性が高いということです。

なんらかの原因が積み重なって**「自分は悪いやつだ。罰せられなければならない。しあわせになんてなってはいけない」**と、自分を牢屋に入れようとしてしまっているのです。

まずは、自分の中にその感情があることをしっかり受けとめましょう。

大丈夫です。あなたはその罪悪感を苦しめない程度に手放すことは可能ですし、今からしあわせを感じられる自分になっていくことができますから。

POINT

罪悪感は、その存在が当たり前になりすぎているので、自覚することが難しいケースが多くあります。

もし、「がんばっているのに報われない」「しあわせじゃない」と思うなら、そこに罪悪感が暗躍している可能性があります。

罪悪感には7つのタイプがある

自分の中の罪悪感の兆候についてお伝えしたところで、さらに罪悪感の種類を整理してみましょう。

私は大きく7種類あると考えていますので、罪悪感として認識しやすいものから順番にご紹介していきます。

タイプ1 だれかを傷つけてしまった、壊してしまった（加害者の心理）

最もわかりやすい罪悪感が、この「加害者の心理」です。罪悪感といえば、真っ先にこれが思い浮かぶのではないでしょうか？　自分がなんらかの言動により相手を傷つけてしまった、という心理です。

例）友人と口論の末、相手を傷つけるひどい言葉を言ってしまった。

例）自分のことを好きだと言ってくれる恋人を裏切るようなことをしてしまった。

例）自分が愛するパートナーをしあわせにできなかった。

例）自分の安易な発言によって相手との信頼関係を壊してしまった。

例）仕事で大きなミスをしてしまい、取り引き先はもちろん、自社にも大きな迷惑をかけた。

例）子どもが学校で自分の考えを言わないのは、私があれこれと指示しすぎたせいかもしれない。


また、心理学の世界では **「加害者と被害者は同じ」** という見方をします。

加害者によって傷つけられたと感じた被害者は、その瞬間に加害者に対して攻撃的・批判的な思いを抱きます。「あなたのせいで傷つけられた！　責任とってよ！」という言動をとる場合もありますし、心の中でその相手をうらむこともありますが、被害者であることを理由に相手を攻撃・批判するわけですから、その瞬間にその人は加害者に変わります。そうすると自然ともとの加害者はそこで被害者に変わり、それが交互に繰り返されることになります。それゆえに「加害者と被害者は同じこと」という表現ができるのです。
もし、あなたがだれかに傷つけられた瞬間に相手を攻撃する気持ちが芽生えたのであれば、その瞬間に加害者となり、罪悪感を覚えることになります。もちろん、これはだれにでも起こりうることなので、これはよくないこと、などと判断しないでください。それくらい罪悪感はすぐに私たちの心に芽生えるものなのです。
この加害者・被害者の悪循環から抜け出す考え方として**「無害者」**があります。相手を攻撃することをやめ、また被害者であることを手放し、無害な人になるのです。

タイプ 2

助けられなかった、役に立てなかった（「無力感」という罪悪感）

「加害者の心理」にも近いものがありますが、助けたい、救いたい、役に立ちたい、迷惑をかけたくないと思ってがんばったが、力及ばずうまくいかなかった場合に生まれる罪悪感です。「無力感」ともいいます。

例）いつも悲しんでいるお母さんを助けようと毎日愚痴を聞いたり、励ましたりしていたが、母親は一向に元気になってくれなかった。

例）アルコールに依存する父を助けたくて、時には戦い、時には味方となったのだが、結果的に父は病に倒れて亡くなってしまった（潜在意識のパターン）。

例）いつも傷ついたパートナーを求めてしまう癖がある。健全な人よりも、問題のある人に惹かれ、一生懸命その人としあわせになろうとするが、うまくいかない。

例）良かれと思って先輩の仕事をサポートしたが、むしろ足手まといになってしまい、力になれなかった。

例）自分に期待してくれた会社のために精一杯成果をあげようとしたが、残念ながらうまくいかなかった。

例）従業員をしあわせにしたいと東奔西走するものの、売り上げは思うように伸びず、従業員の給料を下げざるを得なくなってしまった。

タイプ 3 なにもしていない、見捨ててしまった

最もゆるしがたい罪悪感をつくるのがこのタイプです。

「なにもしていない罪悪感」は、なにもしていないからこそ、表向き罪に問われることはなく、また、まわりも味方してくれることが多いため、ひとり自分を責め続け、

また、「あのときこうしておけばよかった」と後悔することになります。

例）後輩の仕事がいきづまっていることに気づいていたが、「ここは放っておいても大丈夫だろう」と思って見過ごしていたところ、大きなトラブルに発展してしまった。あのときサポートしてあげていれば、もしかしたらなにも起きなかったかもしれないのに。

例）同僚の顔色が悪いことはわかっていたが「まあ、大丈夫だろう」となにも言わなかった。数日後、その同僚は病に倒れ、長期入院することとなってしまった。「あと数日早く治療していれば助かったのに」という声を耳にして、あのとき声をかけていれば、とひどく後悔することになった。

例）先輩のAさんとBさんがあまりしっくりいっておらず、自分が間に入って調整すればいいかもしれないと一瞬頭をよぎったが、そこまでしなくてもいいか、となにもしなかったところ、どんどん2人の仲が悪くなり、チームが崩壊の危機をむかえてしまった。

タイプ 4

恵まれていることへの罪悪感

あまり自覚しにくい罪悪感として、このタイプがあります。
恵まれていること自体は素晴らしいことなのですが、その価値を受けとれないために、罪悪感に転じてしまうことがあります。

例）家がそれなりにお金持ちだったので、まわりの子が持っていないおもちゃを持っていたり、頻繁に旅行に出かけたりしていたため、学校で家のことを話すのは抵抗があった。

例）夫が上場企業に勤めていて、専業主婦だけど比較的お金に困らない生活を送ることができている。ママ友たちのパートやお金のやり繰りの話を聞いていると、なんだか肩身が狭く感じる。

例）仲よしの女友だち5人組でよく遊んでいる。けれど、その中で彼氏がいるのは私ひとり。だから、ラブラブな話はしづらくて、つい彼氏の不満とかを話題にしてしまう。

例）子どものころから容姿端麗で、まわりの人から「かわいい」とか「きれい」と言われることが多かった。嫉妬されるのも怖かったので、なるべく目立たないようにふるまう癖がついてしまった。

例）高学歴であることが嫌味になるんじゃないかと思って、職場でもプライベートでも学生時代の話になると、ちょっと身構える自分がいる。

また、この罪悪感は**「嫉妬されることへの怖れ」**を生むこともあります。先の例にある仲よし5人組の話でいえば「実は彼氏と超ラブラブで。昨日も情熱的な夜を過ごしたの！」などとは口が裂けても言えなくなりますよね。そうすると「この間、彼氏がウソついてコンパ行ってたみたいで……」みたいなネガティブな話題を提供しないと悪いように思ってしまうのです。

そうした恵まれたことに対する罪悪感を持つ人が、**問題だらけの人を好きになって助けようとすることで、その罪悪感を解消しようとする**（つまり補償行為）パターンもあります。

思い当たるフシがある人は、その罪悪感を手放すこと（豊かさや恵まれていることに大いに感謝することなど）に意識を向けることをおすすめします。

タイプ
5
自分は毒である、自分は穢れている

罪悪感が潜在意識の深いところにたまっていくと、この感覚が芽生え、自分がしあわせになれない選択を繰り返してしまいます。この罪悪感は、とくに原因が特定できるわけではなく、さまざまな罪悪感の蓄積によるものなので、自覚もしにくいものです。そのため「自分ではしあわせになりたいと思ってあれこれやっているにもかかわらず、なぜかうまくいかない」という状態を招くことが多いのも特徴です。

例）自分といても相手はしあわせになれない、と思うので距離をとってしまう。
（この後、離れると寂しくなるので再び近づくが、この罪悪感がジャマをして、また距離をとることを繰り返すパターンもある。ヤマアラシのジレンマ（※）にも似ています）
（※）注　ヤマアラシは近づきすぎると、お互いの針で相手を傷つけてしまう。

例）相手のことを愛すれば愛するほど、相手を守るために距離をとる。

例）自分はしあわせになれないし、しあわせになってはいけない、という感覚がある。

例）いつも傷つくほうを、いつもしあわせになれないほうを選択してしまう。
例）仕事はいつもハードワークで、その割に低い報酬を得ている。
例）望んではいないのに、パートナーはいつも自分を傷つけるタイプが多い。
（暴力、借金、ギャンブル、アルコール依存、ワーカホリックなど）。
例）自らがアルコール、ギャンブル、ワーカホリックなどの依存症の傾向がある。
例）「癒着」した関係性を築きやすい。

タイプ6 親やパートナーから受け継いだ罪悪感

愛する人を助けたいという気持ちが強いため、その相手が背負っている罪悪感を、自らも背負おうとします。そして、その罪悪感をコピーしてきて自分のもののように扱ってしまう状態です。そのため **「自分じゃない人の感情で苦しむ」** という、すぐにはピンときにくい状態に陥ります。

たとえば、あなたが罪悪感に苦しむお母さんのことが大好きだったとしましょう。そのときあなたは、少しでもお母さんが楽になるように、お母さんが「私のせいでこんなことになってしまった」と愚痴を言ったら、あなたはお母さんのために「ううん、違うよ。私が悪いんだよ。私のせいだよ」と言ってしまうでしょう。
あなたは**お母さんから罪悪感という荷物を預かるようになる**のです。
また、これは行動や思考のパターンの形成につながることなのですが、そもそも子どもたちは、大好きな両親から、言葉や所作、考え方や価値観まで、あらゆるものをコピーして持ってきます。もし、あなたのお父さんが罪悪感に苦しんでいて、その感情から自分を傷つけたり、しあわせにならない道を選んだり、だれかを攻撃していたりするのであれば、**あなたは無意識のうちにその「罪悪感に基づく行動」を真似してしまう**のです。

例）お母さんが「私なんかの子どもでごめんね」と子どもに罪悪感を持っていると、その子どもはその罪悪感をコピーして「私が子どもでごめんね」という感情を持つようになる。

例）パートナーがいつもハードワークによる罪悪感で苦しんでいる。そのパートナーを助けるために、自分もハードワークをすることによって感情的つながりを得ようとしてしまう。

タイプ 7

そのほかの罪悪感

キリスト教には「生まれながらにして罪を背負っている」という「原罪」という考え方があり、また仏教でも殺生を禁止する考え方があります。それは、感謝し、慎ましく、謙虚に生きることを説いたものであると思われるのですが、熱心な信者であるほど「私は罪な存在だ」と思いこむようになり、罪悪感が生まれやすくなります。

すべての罪悪感はこの7つのタイプの中のいずれかに当てはまります。次の項から罪悪感の具体的な心理や状況をもう少し見ていきましょう。

POINT

罪悪感は「認識しやすいレベルのもの」から、「自分にはあると思えないもの」まで様々なタイプがあります。多くの問題をつくりだすのは、潜在意識の中に根づいた「認識しづらい罪悪感」です。

罪悪感7つのタイプ

〈意識しやすい〉

タイプ1
だれかを傷つけてしまった罪悪感

タイプ2
助けられなかった罪悪感

タイプ3
なにもしていないという罪悪感

タイプ4
恵まれていることへの罪悪感

タイプ5
自分は穢れているという罪悪感

タイプ6
親やパートナーから受け継いだ罪悪感

タイプ7
宗教的な理由、そのほか

〈意識しにくい〉

無意識レベルが深くなるほど、気づきにくくなる。

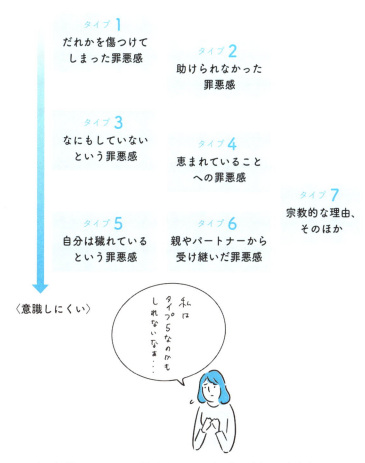

飲み会の失敗は自分のせい？

「私は役に立てなかった」という罪悪感に気づく

これは、Ｐ44の「タイプ2」の罪悪感にあたります。

あなたが楽しみにしていた同僚との飲み会。幹事ははりきって準備をしてくれて、さあ、スタート。しかし、なぜか場の空気はギクシャク。だれかがおもしろいことを言っても笑いが起きるわけでもなく、隅のほうではこそこそと話しこむ人たちもいて、みんながかみあわない感じです。自分もまわりの人に話しかけるのですが、会話が続かず沈黙が訪れます。そのうち、料理をただ淡々と食べて散会となりました。

帰り道、がっかりした気持ちと同時に「もしかして自分がいたからあんな空気になったのではないか？」と悶々とした気分になってしまうあなた。別に自分がなにかをしたわけでもないし、同僚との間になにかトラブルが起きていたわけでもないけれど、なぜか、**「自分のせい？」**という気持ちが離れなくなってしまったのです。

「飲み会」を例にとっていますが、職場や同窓会、好きなアーティストのライブなどが盛り上がりにかけたり、殺伐とした空気になったり、ぎこちない会話が繰り返されたりしたときに、ふと**「自分のせい？」**と考えちゃうことってありませんか？　実はそれ、罪悪感がつくりだした思いである可能性が強いのです。

とはいえ、その実感もなければ、また、思い当たる原因もないかもしれません。しかし、幼少期からの人間関係で積み上げてきた罪悪感は、こうしたシーンにおいて、ふと顔をのぞかせるのです。

「思いこみ」が潜在意識からよみがえる

たとえば、学校の仲間と集まってしゃべっているときに、あなたがなにかを発言しました。するとまわりの人がシーンとなってしまい、変な空気になったことがあったとしましょう。「ああ、私が言ったことで空気を悪くしてしまった」という思い（＝罪悪感）を抱きます。また、家で家族がワイワイしゃべっているときに「ねえ、なになに？」って会話に入ろうとしたら、「あんたは黙ってなさい。関係ないから」と拒絶されたとします。「ああ、私はこの会話に参加しちゃいけないんだ。迷惑なんだ」と罪悪感を覚えます。

一つひとつのできごとは、ささいなことでもう思い出すことはできません。けれども、そうした小さな罪悪感が積み重なると「私がいると場が盛り下がる」とか「私は迷惑な存在なんだ」という思いこみが生まれるようになります。

それが先ほど例に挙げた飲み会のようなシーンで表面化したのです。

もちろん、そういうふうに感じたのは今回が初めてかといえば、以前も時々あったかもしれません。その思いこみは、自分にとっては「当たり前」のものになってしまっているので、自覚することはできません。つまり、その盛り上がらなかった飲み会に参加したときに、「私がいると場が盛り下がる」という思いこみが潜在意識からよみがえってきて、**「それは自分のせいだ」**と感じてしまうのです。

POINT

「いつもはもっと盛り上がるんだけどね」という会話を耳にし、「もしかして自分がいるせい？」と感じるのならば、それはあなたの心に罪悪感があるせいかもしれません。罪悪感はそうとは意識しない心の動きに影響を与えています。

「自分は迷惑な存在だ」という思いこみが
潜在意識からよみがえる

私が悪いの……？

「ポストが赤い」のもすべて自分のせい!?

「なにもかもが自分のせい！」だと思ってしまう……


これはP49の「タイプ5」の罪悪感にあたります。

「ポストが赤いのも自分のせい」だなんて、大げさな気はしませんか？

非常に強い罪悪感を当たり前のように持っていると、なにに対しても自分を責めるような、自分を否定するような思考が自然と出てくるようになります。

意識レベルでは「ポストが赤いのが自分のせいなわけないじゃない。生まれる前から赤かったんだし」と思えるのですが、見るもののすべてが否定的に感じられ、しかも、それがあたかも自分のせいであるかのように感じられてしまうのです。


例）せっかくのお出かけなのにぐずついた天気。ああ、私のせいかもしれない。

例）買い物に出かけたら長蛇の列。私のせいだわ。
例）パトカーのサイレンが聞こえる。なにもしていないのにドキッとする。
例）カフェでオーダーした私の飲み物がスルーされる。やっぱり私はツイてない。
例）電車の隣の席の人がイライラしている。なにかしてしまったのだろうか？

意識せずとも罪悪感を感じていることが当たり前になると、このようになにかと自分を責める癖が顔をのぞかせます。そして、自分には関係ないとわかっていることでも、自分のことを責めるようになります。

「なにもかも自分のせいのような気がする。こんな私なんて消えてなくなればいい」

そんな思いにいきつく人も少なくないのです。あなたはいかがでしょうか？

POINT
まわりからなにかを言われたわけではないのに、自分を責めている状態が起きているのであれば、自分の存在自体を否定する罪悪感にとらわれているのかも。

うまくいっているのに、うまくいかないと感じるのはなぜ？

よいことやしあわせなことも、素直に喜べない

こちらも前項と同じ「タイプ5」の罪悪感にあたります。

たとえば、1年前から取り組んでいたプロジェクトが無事成功に終わり、みんなホッとしてその成果を喜びあっているのに、なぜか全然喜べない私。

自分なりに一生懸命やったし、それなりの貢献だってしていることは頭ではわかるのに、なぜか、自分がいて申し訳ないような気がしてしまいます。

「私じゃなかったら、もっと成果があがっていたんじゃないだろうか？」

「私がいなかったら、もっとみんな喜びを爆発させたのではないだろうか？」

なぜか、そんな思いがわき上がってきて、**素直に喜びの輪に加われない**のです。

こんな例もあります。

婚活をがんばっていたら念願の恋人（婚約者）ができました。友だちに報告したら、ものすごく喜んでくれて、「私、いい友だちを持ったなあ」とうれしくなるのも束の間、「どうせ、ダメになるに決まってる」「今はいいけど、私の本性を知ったら彼は去っていくのではないか？」そんな不安が襲ってくるようになりました。

「私なんかよりもっといい人がいるんじゃないか？」

「彼はほかに本命の人がいるんじゃないか？」

そんな疑いの気持ちもわき上がってきます。

罪悪感が足を引っ張る

何度も繰り返しますが、罪悪感は「私はしあわせになってはいけない」という思いをつくりだすものです。だから、プロジェクトが成功してみんなが喜んでいても、念願の彼氏ができてうれしい場面であっても、どこか心は晴れません。

それよりも、自分が迷惑をかけてしまったような気がしたり、あるいは、相手にはもっといい人がいるような気がしたり、そのしあわせを自らつぶしてしまうような思いを抱かせるのです。

罪悪感は、しあわせに直結するような「愛」「豊かさ」「成功」「喜び」などを受けとることをゆるしません。

そして、その先はきっと不幸になることをイメージさせるのです。

もちろん、これは別にあなたの性格が悪いわけでも、暗いわけでもありません。

罪悪感という感情が、そういう思考や感情をつくりだして、あなたの足を引っ張っているのです。

POINT

自分の性格や能力を否定する必要はありません。

物事が順調にいっているのに、その成果を素直に喜べないのは、自分の存在を否定する罪悪感があるからかもしれません。

ささいな瞬間にわき起こる罪悪感

自分は「めんどくさい」存在？

続けて、「タイプ5」の罪悪感の例を見てみましょう。

友だちがあなたの誕生日に、ちょっとしたものをプレゼントしてくれました。

「覚えててくれたの？　うれしい！」という気持ちがわき上がる一方で、

「なんか気を使わせちゃって申し訳ない」

「私のためにわざわざ買いに行く必要なんてないのに」

などと、ふとその好意を否定してしまうような思いがわき起こってくることはありませんか？

上司や先輩からあなたの働きぶりについておほめの言葉をいただきました。

「ありがとうございます」と口では言ったものの、心の中では「いや、そんなわけない。私なんて迷惑ばかりかけているし」と否定的な思いがわき上がってきたりします。

お店に入って友だちとご飯を食べていたら「お店からのプレゼントです！」とデザートプレートが運ばれてきました。

友だちはキャーキャー喜んでいるのですが、なぜか自分は素直に喜べません。

「こんないいことがあったら、このあと悪いことが起きるんじゃないか？」と反射的に思ってしまったのです。

うれしいことや楽しいことがあったのに、そんなときにふとその思いに水をぶっかけるような否定的な思いがわき上がってくるとしたら、それもまた罪悪感の仕業と考えていいでしょう。

素直に喜べばいいのに、否定的になってしまう自分を嫌ってしまうかもしれませんし、そんな自分のことを**「めんどくさいやつ」**とラベリングしたくなるかもしれませんが、その必要はありません。罪悪感にとらわれているときは、日常のささいな瞬間に自分を否定するような思いがわき上がってくるものなのです。

罪悪感のせいで、いいことが起きても否定的な思いがわき上がってしまう

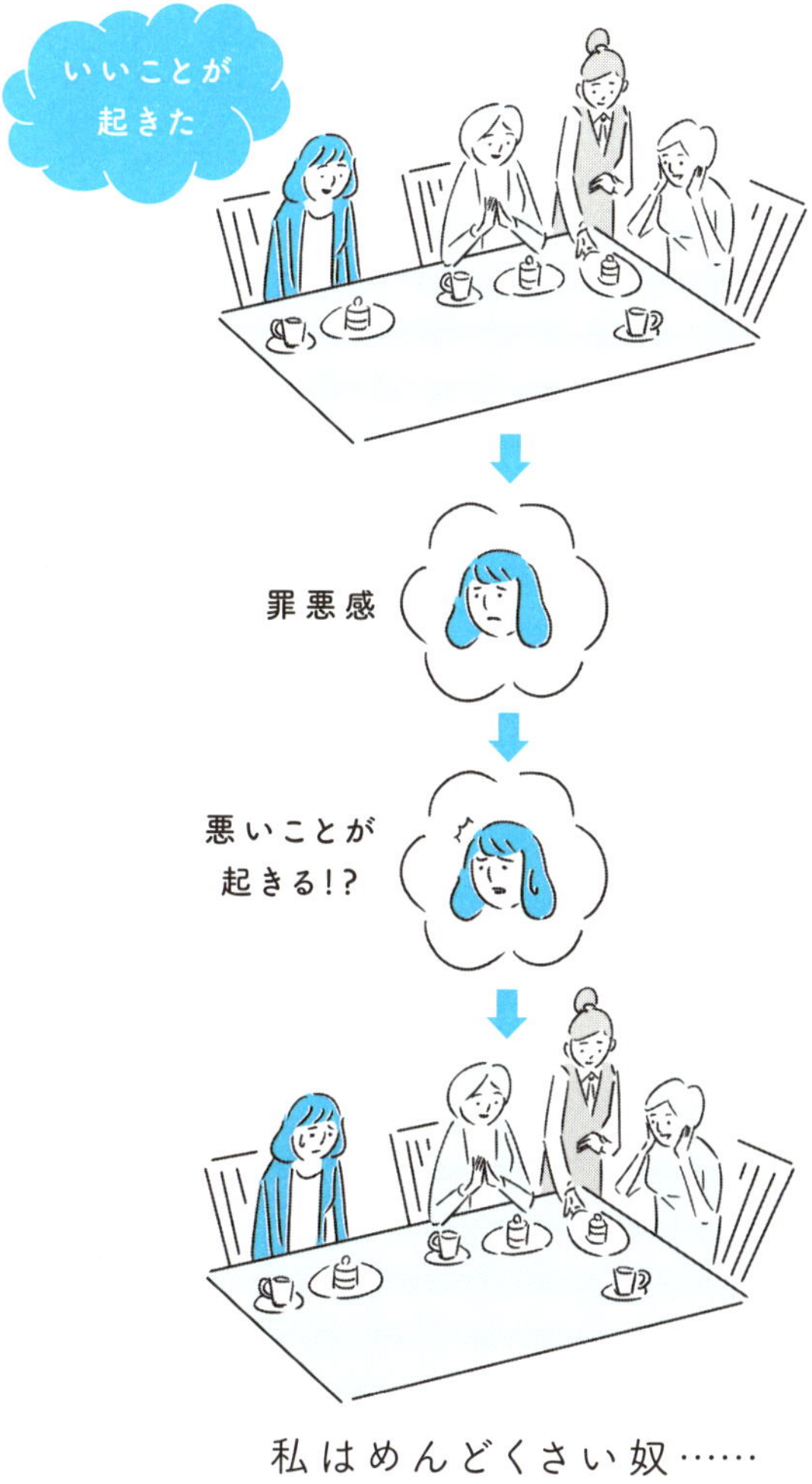

罪悪感という感情は、ほんとうに巧みに私たちの心の中に潜んでいて、事あるごとに顔をのぞかせます。

しかも、一度や二度ではなく、日常的に、当たり前のように出てくるので、まるで自分が、とても性格の悪い人であったり、自分や他人の不幸を願っている嫌なやつであったり、自分の気持ちを素直に表現できない「めんどくさいやつ」であったりというふうに思わせるのです。

POINT

罪悪感はあなたにしあわせや喜びを素直に受けとらせずに、なぜか申し訳ないような気がしたり、その場にふさしくない存在かのように思わせたりします。

「悪いのは自分」「一番ゆるせないのは自分」という思いこみ

大切なものを、あえて自分から遠ざけてしまう

この罪悪感という感情は、つねに自分を攻撃し、しあわせにしないためにふるまうものですから、その罪悪感がどんどん積みあがっていくと、なにに対しても「自分が悪い」という思いこみに至ります。

なにかトラブルが起きたときに「あ、もしかして、私のせい？」と感じてしまうのはその一例ですし、もっといえば、「今日雨が降っているのも私のせい」などと感じてしまうのです。

まるで自分のことを、疫病神のように扱い始めるんですね。

そうすると、自分にとって大切なものほど、遠ざけるようになります。

愛する人、大切な仲間、守りたい存在、かけがえのない居場所から自分を遠ざけよ

うとしてしまいます。

罪悪感にとらわれると、世界で一番の悪人が、まるで自分自身であるかのように感じます。

この世の中で一番ゆるせないのは、自分自身です。

つまり、**「この世であなた以上に、あなたのことをゆるせない人はいません。あなた以上にあなたを罰している人はいないのです」**ということなのです。

POINT

罪悪感があると、自分のことを、まるで「疫病神」のように扱ってしまうものです。自分以上に自分のことをゆるせず、攻撃している人はいません。

3

罪悪感が
引き起こす
さまざまな行動や問題

罪悪感が強いほど「正しさ」にこだわる

罪悪感が自分を正当化させる

よくクライアントさんからこんな話をうかがいます。

「夫はほかに女がいるにもかかわらず、まったく悪びれた様子もなく、むしろ『おまえのせいだ』と、非を認めないんです。全然悪いことをしてるなんて、思ってないんです」

それに対して私は、「いや、むしろ、彼は罪悪感でいっぱいだと思いますよ。悪いことをしてるっていう自覚があるからそういう態度をとるんです」とお答えします。

そうすると「悪いと思ってるなら、少しは謝るなり、態度を改めるなりしませんか？」とおっしゃられるので、「いやいや、悪いって認めてしまったら大変なことになるでしょう？」と言って、こんな話をさせていただきます。

「自分が悪いことをしている」という自覚があればあるほど、「相手に対して罪を償わなければならない」「平身低頭謝罪しなければならない」と思います。浮気をしている旦那さんの立場からすれば「認めてしまったら、一生妻に頭が上がらなくなって奴隷みたいな生活になるし、それ相応の補償をしなければいけない」と思うものです。

だとしたら、**非を認めずに、悪びれずに過ごすしかないと思いますし、そのために、自分の行為を正当化したくなるものなのです。**

だから、罪悪感があればあるほど、人は逆に自分の非を認めずに、正しさを主張します。

正しさを主張する人ほど罪悪感が強い

ちょっと想像してみてください。

あなたが職場で、隣の席の人が飲んでいるコーヒーをこぼしてしまいました。被害は、メモ用紙やボールペンを少し汚した程度で済みました。そんなときは「あ、ごめん！　ごめん！」と言って、慌てて拭きますよね。

罪悪感が裏返り、自分を正当化する

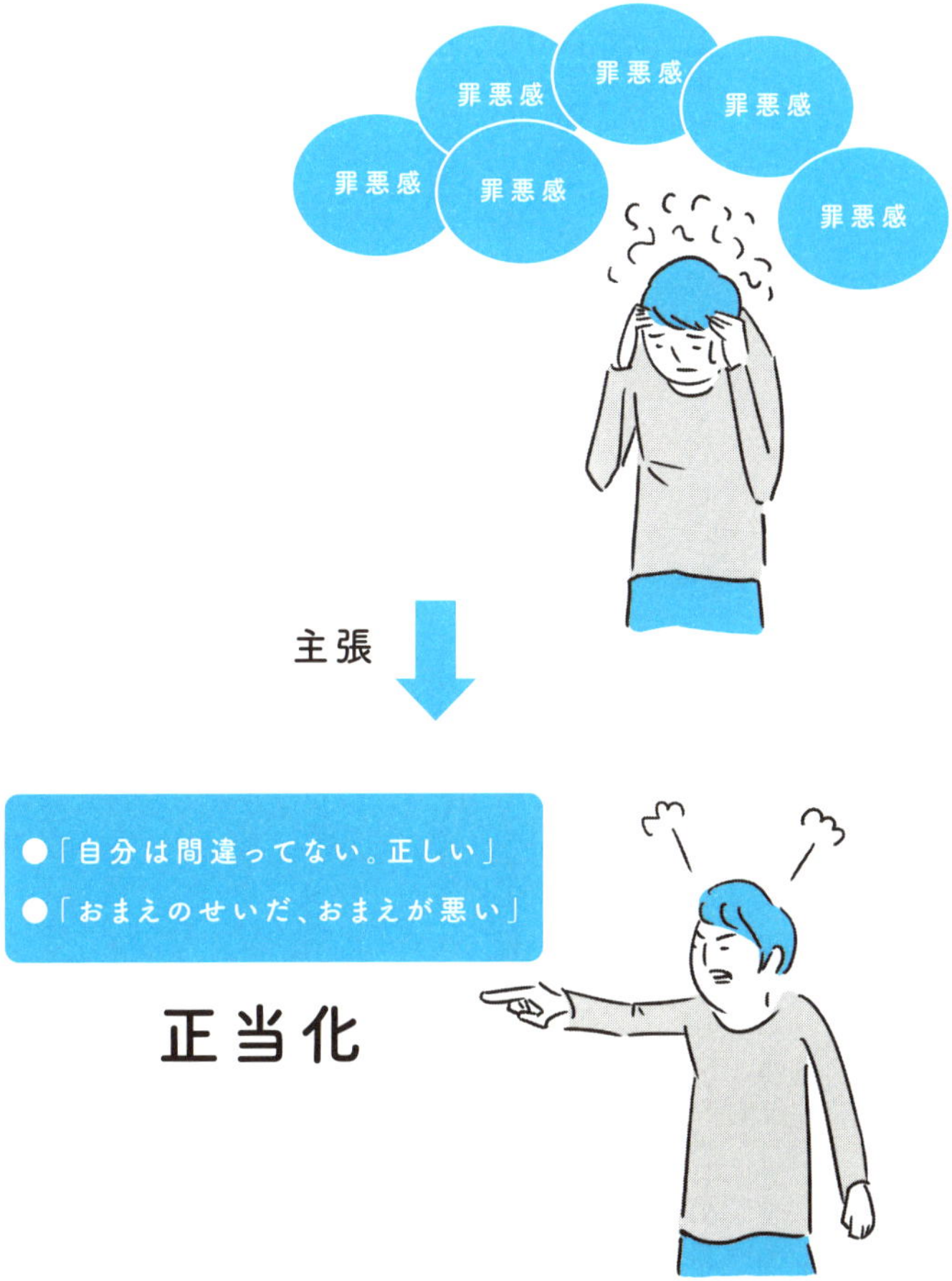

ところが、コーヒーが「超重要」と書かれた書類やノートパソコンのキーボードにばーっとかかってしまい、「あ、この書類、ものすごく重要なものなのに。あ、パソコン、動かなくなっちゃった。どうしよう……」と隣の席の人が震えはじめたら、あなたは素直に「ごめんなさい」って言えますか？

むしろ、「いや、あなたがちょっとぶつかってきたから……」とか「そこにコーヒーを置いていたあなたが悪いのよ……」と言いたくなったりしませんか？

軽めの罪悪感であれば、私たちは「ごめん、ごめん」と謝ることができます。

しかし、自分がしたことに対する罪悪感が大きくなればなるほど、やすやすと非を認めて謝罪することはできなくなります。

つまり、罪悪感が強ければ強いほど、私たちは**「自分は間違っていない。正しい」と主張し、時には「おまえのせいだ、おまえが悪い」と責任転嫁しはじめます。**

だから、そうして罪を認めず、正しさを主張する人ほど、罪悪感がとても強い証なのです。

あなたのまわりでも、いつも「自分は正しい」と主張したり、誤りを認めなかったり、「ごめんなさい」が言えなかったりする人がいたりすることでしょう。

そんな人に接したときは、「ほんとうはすごく罪悪感を持っているんだな」という目で見てあげてください。

そうすると、ちょっとその人のことがゆるせるようになりますので。

POINT

罪悪感が強ければ強いほど、それを認めてしまうと、それ相応の補償や謝罪をしないといけないと思うので、正当化したり、責任転嫁をしたりするもの。罪悪感が強い人ほど、そういうふうには見えないものなのです。

「思いこみの自分ルール」が罪悪感を生む

人は「思いこみ」を数万個持っている

たとえば「働かざる者食うべからず」という**「観念」（思いこみ、自分ルール、ビリーフなどともいう）**を持っていると、仕事をしていないだけで罪悪感を覚えるものです。

ほかにも「時間は守るべきだ」という観念を持っている人が、たまたま遅刻するとものすごく悪いことをしたような気がしますし、「お客様には笑顔で対応すべきだ」という観念があるショップ店員さんは、体調が悪くて笑顔で接客できなかったときに罪悪感を覚えます。

こうした「観念」を人は数千〜数万持っていると言われており、ほとんどが自分にとっては「当たり前のこと」と認識されているために、その存在にすら気づくことができません。

「子どもには優しく接しなければいけない」と思いこんでいるお母さんがいるとしましょう。

お母さんもあれこれやることがあるし、子育てに疲れるときもあるし、旦那さんとケンカして不機嫌なときもあるでしょう。でも、その観念が強ければ強いほど、そうした事情があるにもかかわらず、子どもに怒ってしまったときにはひどい罪悪感を覚えて、「こんな母親はダメだ」と自分を責めるようになります。

まわりから見れば「そういうときもあるよ！」と慰めたくなるケースなのですが、その観念を強く持っているときは、そのようなまわりの声は耳に入りません。

観念のせいで、叱られる前から自分を責めはじめる

また、日ごろから奥さんに「あなたはいつもお金を使いすぎる！　あるだけ使っちゃって家計が大変なのよ！」と小言を言われる旦那さん。それだけで罪悪感が生まれてしまいますから、「お金は大事に使わなきゃいけない！　無駄遣いはいけない！」と新たな観念をつくって自分を縛ります。

ところがある日、後輩と飲みに行ったときに、ついつい気が大きくなって奢っちゃったんです。

すると、またそこで罪悪感を積み上げます。

「奥さんに怒られるだろうなあ。またくどくどと小言を言われるんだろうなあ。でも、なんであんなことしちゃったんだろう?」と帰りの電車ではひとり反省会をして、奥さんに言われる前からくどくどと自分のことを責めはじめるのです。

POINT

「こうしなければいけない」「これをしてはいけない」という観念を持っていると、それに反したことをしてしまったときに強烈に自分を責める罪悪感が生まれ、自分に対して寛容にふるまえなくなるものなのです。

罪悪感が「人間関係」を悪化させる

自分をゆるせず、「自分は間違っていない！」と逆ギレする

前項のように、自分で「これはいけない」と思っていることをしてしまったり、「こうしなければいけない」と思いこんでいることができなかったりすると、私たちは罪悪感を覚え、自分を責めてしまいます。

「観念」は自分を縛りつける鎖のようなもの。

だから、「子育てにストレスは付き物なんだから、時には怒っちゃうのも仕方ないよね。あとで謝って、もっと愛情を示せばいいや」とか「ふだんからがんばってくれている後輩の労をねぎらうことだって大事な仕事だよな。後輩も喜んでくれていたし、これで明日からますます仕事に精を出してくれたら安いものだ」と自分をゆるすことができないんですね。

しかも、罪悪感によって自分を責めていると、だんだん自分がしたことを「正当化」したくなってきます。

「私はなにも間違ってない！　私の言うことを聞かない息子が悪いんだわ！　そもそも夫がもっと育児に協力的だったらこんなふうにならないのに！　悪いのは夫だ！」と考えはじめたり、家に帰って奥さんにまた小言を言われたら「後輩とのコミュニケーションがどれだけ仕事をする上で大事か、おまえはわかってないのか！　夫が外でがんばってるのに、なんだその言い方は!!　俺が稼いだ金だぞ！」と奥さんに逆ギレしてしまうようになったりします。もちろん、そうして正当化することによって、ますます罪悪感が増えてしまうことは、いうまでもありません。

こうして**「観念」から生まれる罪悪感は、夫婦関係に亀裂が入ったり、子どものことを愛せなくなってしまうなど、人間関係を悪化させる要因となるのです。**

POINT

観念から生まれる罪悪感は、自分を正当化したり、責任転嫁したりして、相手との関係に亀裂を生じさせ、大切なものを傷つけてしまう行動に駆り立ててしまいます。

お母さんの言うとおりにできないことで、罪悪感が生まれる？

親が不幸せそうなのは、「すべて私が悪いから」

幼い子どもにとって、親は「完璧な存在」に映ります。親は自分にはできないことがたくさんできるし、自分よりも大きいし、自分の知らないことをたくさん知っています。だから、親に怒られるのは「全部自分が悪い」と思いこんでしまいます。

ご飯をこぼして怒られたら、自分が悪いんです。お片づけができないのも、服を上手に着られないのも、お手伝いができないのも、頼まれたことを忘れちゃうことも、全部、自分が悪いんです。

だから、親の言うとおりにできないとき、幼い私たちは罪悪感を覚え、自分を責めるようになります。

大人になれば「そんなの当たり前じゃん」とか「それは単に親の機嫌が悪かっただけじゃないの？」とか「それは親が厳しすぎるよ」とわかることでも、子どもたちにはそれはわかりません。

「自分が悪いから、怒られる」

「自分のせいでお母さんの機嫌が悪い」

「自分がいい子にしていないからお父さんに殴られる」

このように受けとめて、罪悪感を覚えるようになります。

子どもはお母さん、お父さんのことが大好きです。お母さん、お父さんの笑顔が大好きです。けれど、彼らの表情が曇るとすれば、それは「すべて私が悪いから」と思いこんでしまうのです。

大好きだからこそ生まれる悲劇であり、罪悪感なのです。

子どもは両親を見ている

以前、あるクライアントさんからこんな話を聞きました。彼が経営している会社の業績が思わしくなく、このままでは倒産してしまいそうになっていたのです。毎日のように、夫婦でこれからのことを話しあっていました。

当時彼らには5歳の娘さんがいました。なるべく子どもの前では暗い顔をしないようにがんばっていたのですが、バレていたのでしょう。

あるとき、「今月もまたお金が足りない。このままだったらほんとうにまずい」と夫婦で話をしていたときに、娘さんが寝室から出てきました。

「まだ起きてたの？」と奥さんが言うと、娘さんは「パパとママが最近元気がないのは私のせいなんでしょう？　私が幼稚園でいい子にしてないから？　ママの言うことを聞かないから？　ごめんなさい。私、いい子にするから元気になって」と言ってきました。

彼はそれを聞いて、頭をハンマーでぶん殴られたようなショックを受けました。

「愛する娘にそんな思いをさせていたなんて……」

彼はそれを機会に一念発起して、会社を立て直すべく、今まで以上に仕事に取り組み、倒産の危機を脱することができたそうです。

両親の暗い、悲しそうな、不安そうな顔を見て、それを自分のせいだと、娘さんは思っていたのです。

これは、このご家庭の娘さんだけに起きることなのでしょうか？

いいえ。**私たちは子ども時代に、少なからずそのような体験をしています。**

両親のことが大好きで、素晴らしい価値を認めているから、両親がしあわせそうでないときに、それを自分のせいだと感じてしまうのです。

POINT

愛する人がしあわせそうでないときに、私たちは「自分のせい？」と思いこみ、罪悪感を覚えます。大人になれば、客観的に物事を見ることができますが、それができない子ども時代には、当たり前に起きているのです。

両親の「不幸せ」が罪悪感を生む

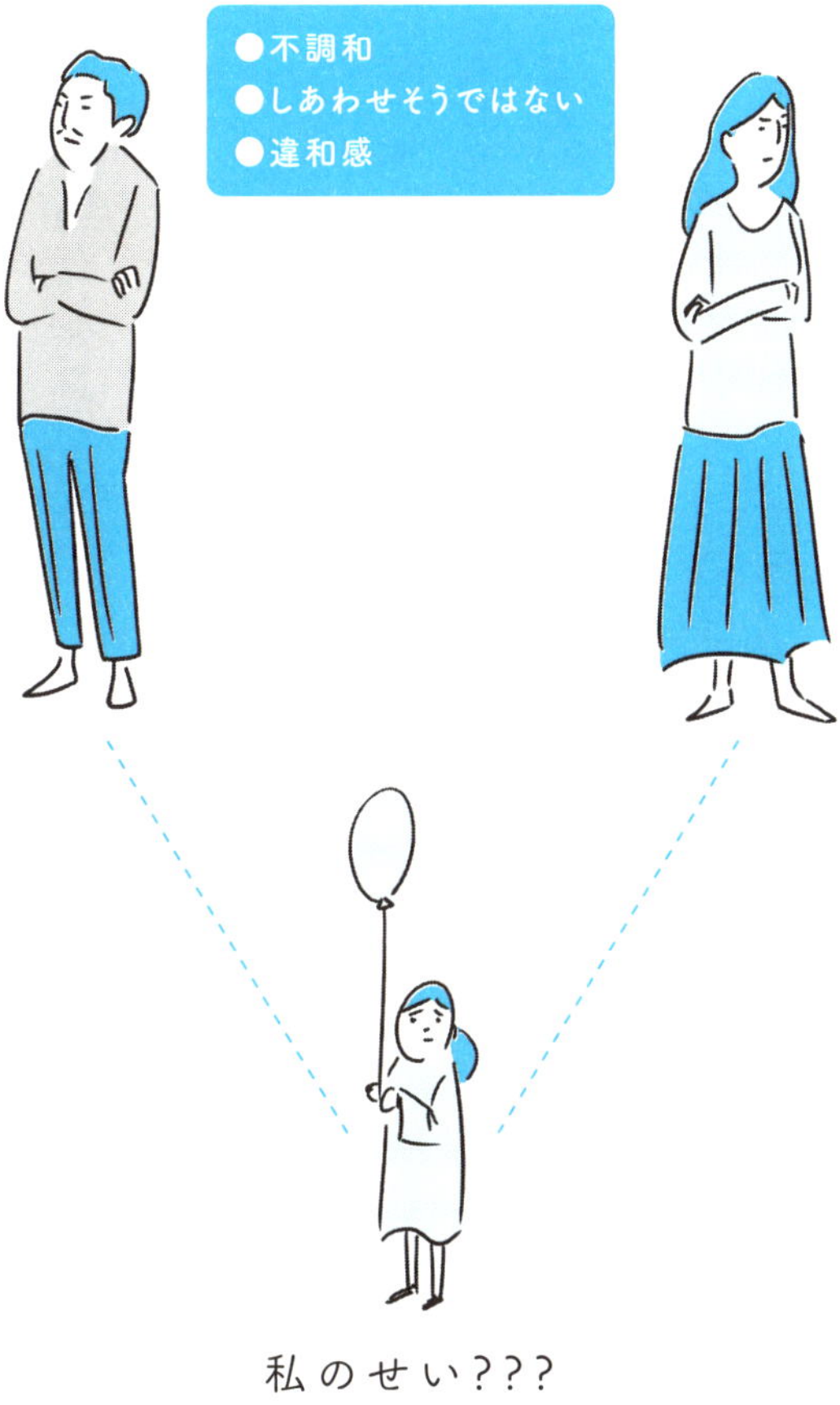

親の期待に応えられない「私」は悪い子？

「いい子」ほど罪悪感を抱える

前項と似た話ですが、両親は多かれ少なかれ、愛する子どもに期待をかけます。「将来しあわせになってほしいからいい大学に行ってほしい」とか、「医者か弁護士になってほしい」とか。あるいは「自由に自分らしく生きてほしい」とか、「好きなことをして生きてほしい」とか。

でも、もっと細かい期待もたくさんかけますよね。

「友だちと仲よくしてほしい」「先生の言うことをちゃんと聞いてほしい」「学校で問題は起こさないでほしい」「宿題はきちんとしてほしい」「それなりの成績をとってほしい」「お母さんのお手伝いをしてほしい」「クリスマスプレゼントはそんなに高価なものはほしがらないで」などと本当にたくさんの期待（時には要求）をかけるものです。

子どもは愛する親のために、がんばってその期待に応えようとします。

でも、そのすべての期待に応えるのは、到底不可能です。

そうすると、そこで罪悪感が生まれます。

「友だちと仲よくしてね、とお母さんに言われてたのに、ケンカしちゃった」

「やらなきゃいけない宿題を忘れてた」

そうした、大人から見ればちょっとしたことで両親に対して罪悪感を覚えます。

とくに**「いい子」ほど、がんばって両親の期待に応えようとしますから、その分、応えられない期待もたくさん出てきます。それゆえ、いい子ほど罪悪感を抱えてしまうともいえます。**

そして、そんないい子ほど、心の中に**裏の世界＝「アンダーグラウンド」**をつくりだすことがよくあるのです。

POINT

親を喜ばせるために、子どもは期待に応えようとがんばるもの。
しかし、当然、その期待にすべて応えられるわけではないので、
そこで強い罪悪感を覚えるようになります。

罪悪感によるストレスを「裏の顔」で処理しようとする

「いい人」の裏にある「アンダーグラウンド」の世界

ここでいう**「アンダーグラウンド」**というのは、私が個人的に提唱している**「心の中の裏の世界」**のことをいいます。

親の期待に応えていい子をして育ち、大人になると世間的にもいい人になることが多いものです。しかし、先ほど紹介したように、実はいい子ほど罪悪感を強く持ち、表面的な態度とは裏腹に心の中では強い自責の念に駆られていることも多いのです。

つまり、「まわりの人から気に入られているいい人の私（表）」の影に「裏の顔」を持つようになり、**表の世界で処理できないストレスを、裏の世界＝「アンダーグラウンド」で処理しようとする動きが生まれるのです。**

身なりのいい上品な奥さまが万引きをして捕まった、とか、まじめできちんと仕事をしていた人が水商売の女にハマって会社の金を横領していた、などのニュースが時折流れますが、それもまた「アンダーグラウンド」のなせる業かもしれません。

「いい子」をやめること

私のクライアントさんの旦那さんは、職場ではほんとうにいい人で、気難しい上司からもかわいがられ、だれも彼のことを悪く言う人はいませんでした。しかし、彼はひとたび職場を出ると、ギャンブル依存症で、給料日にすべてのお金をパチンコ店につぎこんでしまい、奥さんの財布から黙ってお金を盗んではパチンコ店に入り浸るプライベートを送っていました。

またお医者さんの奥さんは、とても上品な山の手夫人の雰囲気を醸し出し、地域の婦人部や学校のPTAでも役員を務めていました。しかしその裏では出会い系サイトで知り合った何人もの男性と性的な関係を持つことがやめられなくなっていました。

またある女性は、子どものころから親の期待を一身に背負って育ち、その期待に応えて一流大学から一流企業に就職しました。その職場でも、将来を嘱望される実績を重ねていたのですが、25歳ごろからお酒がやめられなくなり、30歳を過ぎたころにはドクターストップがかかるほど体が痛んでしまいました。

表でいい人をしていることによって抱えた罪悪感がストレスとなり、でも、それを表の社会では処理できないので、「アンダーグラウンド」で解消しようとする心理が働いているのです。もちろん、**「アンダーグラウンド」で行われるギャンブルやセックスやアルコールにも、罪悪感はついて回ります。つまり、彼らはそのストレスを解消するための方法で、新たな罪悪感を増やす悪循環に陥っていたのです。**

私のセッションでは、そんな自分の事情を理解して、罪悪感を手放すと同時に、人の期待に応えようとがんばりすぎてしまう**「いい子」をやめよう**、という提案をします。完璧ではない自分、弱い自分、ちゃんとできない自分をゆるし、人間らしく、ありのままに生きることを提案しています。そうして、隠れてこそこそとストレスを解消しなければならない環境を変えていくのです。

POINT

「いい人」の心の中には、つねに罪悪感が積み上がっていて、そのストレスを処理するための「アンダーグラウンド」が必要となってしまうものです。

ストレスを「アンダーグラウンド」で処理しながら生きている

「アンダーグラウンド」の中でも罪悪感は生まれる

「癒着」は罪悪感が接着剤になっている

相手のことが頭から離れなくなってしまう「癒着」

心理的に相手との境界線がなくなってしまい、つねに相手のことを考えているような人間関係のことを**「癒着」**といいます。**「母子癒着」**は日本ではとても多いといわれますし、問題のあるパートナーとの恋愛もまた「癒着」になりやすいものです。

さらに、親と「癒着」していた人は、大人になってから築く人間関係のあらゆるところで「癒着」しやすくなる傾向があります。

「癒着」とは、心理的に**「接着剤でお互いをくっつけてしまっているような状態」**に例えられます。大好きな人とはずっと一緒にいたいと思いますが、さすがにトイレの中にまでついてこられたら嫌ですよね？　しかし、「癒着」があるときは、四六時中ずっとその相手のことが頭から離れなくなり、まるでその相手に憑依されてしまっているような心理状態になります。

そうすると、大好きな人であったとしても、だんだん離れたくなってきます。

しかし、接着剤でくっついてしまっているわけですから、簡単には離れられません。そこで、**より強い力で離れようとして、激しいケンカをしたり、暴言や暴力、パワハラ、モラハラという状況をつくってしまう**のです。

「癒着」により、母のことを自分のことのように考えてしまう

以前、ある女性がこんなお話をしてくれました。

「最近、体調があまり優れないので病院に行ったんですね。そうしたら、検査が必要だと言うのですぐに受けてきたのですが、それ以来、精神的にちょっとまいってしまって」と。

彼女は見た目はとても健康そうだったので、「え？　そうなんですか。全然お元気そうに見えますけれど、どこか調子がお悪いんですか？」ってお聞きしたら、彼女は「え？　いや、母のことです。私は元気ですよ、もちろん」とおっしゃいました。

「癒着」があると、頭の中はその相手のことでつねにいっぱいになります。彼女はお

母さんと長く2人暮らしをしているうちに、いつもお母さんのことを考えるようになってしまっていました。その結果、まるで自分のことのようにお母さんの話をしてしまうようになりました。

相手との間に「境界線」がなくなってしまう

また、あるお母さんはカウンセリングを受けられたときに、こんなお話をしてくれました。

「今度娘が受験なのですが、全然成績が思わしくなくて。模試があると、前日から私が眠れなくなってしまい、その結果に一喜一憂してしまうんです。前回の模試の結果が最悪で、私、数日寝こんでしまったんです」

そのお母さんは、まるで娘さんではなく、自分が受験するかのような思いにとらわれてしまっていました。

「癒着」関係になると、相手との間に境界線がなくなり、お互いに感情を共有してしまう状態になります。そうすると、**相手のことを自分のことのように感じますし、相手の感情にも強い影響を受けるようになります。**

罪悪感で結ばれる関係

パートナーや母子の「癒着」は
関係性の境界線がなくなり、感情も共有してしまう

つまり、相手に振り回されるようになるのですね。

この**「癒着」関係をつくる感情のひとつが「罪悪感」なのです。**

たとえば、P93の娘さんは病気のお母さんのことをつねに心配していました。そして、なにかあると「私のせいではないか？　私が〇〇したからではないか？」とつねに罪悪感を覚える癖がありました。

また、受験生のお母さんは「私の頭がよくないから娘が勉強しないのではないか？私の育て方が間違っていたから、娘が悪い点数をとってくるんじゃないか？」といつも思っていました。つまり、娘さんに対して、罪悪感を強く感じていました。

不倫が生みだす罪悪感

もう少しわかりやすい例で罪悪感が「癒着」をつくる過程をご紹介しましょう。

不倫関係にあるAさんとBくんの会話です。

Aさん　「最近、全然連絡してくれないけどどういうつもり？」

Bくん「いや、仕事が忙しくてさ。それにおまえとの関係が奥さんにバレたみたいなんだ」

Aさん「そんなの関係ないでしょ？　私に冷たくするなら奥さんに私がバラすから」

Bくん「そ、それは困る。ごめん。もっと連絡するようにするから」

よくある話かと思うのですが、奥さんに不倫をバラされたくないBくんは、Aさんのご機嫌をとろうとしたり、なんでも望みに応えようとするでしょう。そうすると、仕事をしているときでも、家にいるときでも、「彼女、怒ってないかな？　今日はちゃんと仕事帰りに連絡したから大丈夫だよな」と、つねにAさんのことが気にかかるようになります。

もともと不倫をしているBくんは、奥さんに対しても、Aさんに対しても罪悪感を抱きやすいのですが、その上で、こうしたAさんの発言があると、一層、罪悪感をかきたてられるようになります。

そうして、Bくんはどんどん Aさんのことが頭から離れなくなり「癒着」に至りますし、AさんはBくんの心離れをつねに気にするようになって「癒着」するようになるのです。

その後、はじめはがんばってAさんの機嫌をとっていたBくんも、だんだん疲れてきます。

やがては「俺だって一生懸命やってんだよ！　いい加減にしろよ！」ってキレてしまうようになり、もしかしたら、Aさんに対して暴言をはいたり、暴力を振るったりするまでになってしまうかもしれません。

POINT

お互いが感情を共有してしまう「癒着」関係には、罪悪感が大きくかかわっています。癒着した関係では、つねに相手のことを考えているので、2人分の人生を生きることになり、ストレスが増大します。

モノへの依存症の裏にも罪悪感が隠れている

さまざまな背景が重なりあっている罪悪感

人と心理的に密着してしまう状態を「癒着」というならば、それが人ではなく、モノの場合は「依存症」と呼ばれます。もちろん、正式な病名がつくほどのものではなくても、心理的にモノと「癒着」してしまっているケースはとても多く見られます。

アルコール依存、ワーカホリック、ギャンブル依存、恋愛依存、セックス依存等々、さまざまな依存症がありますが、心理的には人との「癒着」とほとんど同じだと思っていいものです。

もちろん、依存症になる背景は、罪悪感だけではなく、ストレスや怖れ、不安などのいくつもの要因が重なりあって起きるものです。

「こんなにギャンブルばっかりやっててもダメだよな」と思います。

「家族にも迷惑をかけているし（つまり、罪悪感がある）、自分もしんどいし。でも、やめられないんだよな……」とパチンコ台に向かって感じます。

頭ではわかっているのにやめられない状態は、ある種の依存症状態といっていいのですが、そこには「麻痺」という心理もまた関係しています。

罪悪感は麻痺する

罪悪感に限らず、あらゆる感情は、感じ続けると麻痺して、最終的には感じられなくなります。

罪悪感という感情も、「はじめはよくないことをしている」という自覚があったのに、それを繰り返すうちに「別にいいんじゃない？」と正当化するようになり、だんだん罪悪感が感じられなくなります。

罪悪感を感じ続けるのはつらいので、その感情を麻痺させて、感じないようにさせるのです。

問題なのは、麻痺というのは感じられなくなった（認知できなくなった）だけで、なくなったわけではない、ということ。しかも、感じたくないから麻痺させたわけですから、より麻痺させるように強い刺激を与え続けなければならなくなります。

つまり、**より強い刺激＝罪悪感**を与えることによって、その麻痺した状態を継続させることになるのですから、ますますギャンブルにハマるようになってしまうのです。

ワーカホリックになって家庭を顧みないのも、アルコールを飲み過ぎるのも、つねに複数の人と恋をするのも、セックスのみの関係を築くのも、私たちの心にある「良心」からすれば、罪悪感を覚えざるを得ないできごとです。

よくないとわかっているからこそ、その罪悪感を麻痺させる必要に迫られ、逆にどんどんハマりこんでしまうというパラドックスが、ここには潜んでいるのです。

POINT

人ではなくモノと癒着することを「依存症」といいます。
そこには罪悪感が強く存在していますが、
感情は、感じ続けると麻痺するという性質があるため、
より強い罪悪感を感じる行動に出てしまい、
より依存度が高まるという悪循環を生みます。

「癒着」により人との距離のとり方がわからなくなる

さまざまな顔を持つ「癒着」

「癒着」というと「母子癒着」というのが最も有名なのですが、そのほかにも「父との『癒着』」もあれば、「恋人との『癒着』」「夫婦の『癒着』」などもよくあります。不倫や障害のある恋などでは、とかく「癒着」は起こりやすいものです。

子どものころから親との「癒着」があると、いわゆる**「癒着体質」**となり、大人になってからも恋人にも「癒着」し、仕事にも「癒着」するなど、あちこちで「癒着」を引き起こすことが多いものです。

また「母子癒着」では、そもそも母と父の関係があまりうまくいっていない（心理的距離が空いている）ことが多く、本来ならば夫（つまり、父親）に向かうべき思いが、子どもに向かうことによって生じるものが多いです。

さらに、**母親が「過干渉」「過保護」「心配性」だったり、「精神的に弱い人」だったり、「子どもに興味がない放任主義」でも、「母子癒着」が起こりやすくなります。**

子ども時代は過干渉な母親という認識はなく「世の母親はみんなそんなもんだ」と思って甘んじて受け入れているのですが、なにかと距離が近く、母親が感情的にヒステリーを起こしたり、あれやこれやと干渉してくることに、つねにプレッシャーを感じています。

これがP81紹介した「お母さんの言うとおりにできないことで罪悪感が生まれる」という話とつながってくるのですが、過干渉・過保護・心配性の親は、その「子どもに対する要求」がとても多いのですね。そうすると、その要求や期待に応えようと子どもはがんばるし、でも、その要求にすべて応えられない分、罪悪感が生まれます。

もちろん、そんな母親側も、表向きはそう見せなくても、子どもに対してあれやこれやと言ってしまうことに罪悪感を覚えており、お互いが罪悪感を持つことで「癒着」が生まれてしまうのです。

物理的に距離を置ける大人の自分と感情的には「癒着」したままの子どもの自分

実際、言うことを聞かないとヒステリックに怒りまくったり、自分の思いどおりにさせるために、子どもの罪悪感を煽ったりする母親もめずらしくなく、また子どもには自立する経済力もまだありませんから、子どもは結果的に「母親の支配下」に置かれてしまいます。

そうすると、なにをするにも母親の顔色をうかがってしまうし、母親がＯＫを出さなければやりたいこともできなくなってしまうんですね。

しかし、成長とともにそうした「支配される関係」（＝「癒着」）もだんだんつらくなってきます。それがいわゆる「反抗期」のはじまりです。思春期に反抗期をむかえることで、母親から自立しようとするわけです。

しかし、ここで母親もヒステリックに子どもの自立を阻んだり、さまざまな嫌味や攻撃、正当化などを使って、子どもを自分の支配下に置き続けようとします。それでこの時期は「癒着」の度合いが強ければ、反抗期が激しくなるのです。

あなたは「早くこの家を出たい」「手に職をつけて自立しなきゃ」などと思ったこ

とはありませんか？
また、ヒステリックなお母さんに「感情」では敵わないので、理性的になって「理路整然」と立ち向かい、お母さんを論破したり、あるいは、感情をシャットアウトして「無視」することで、やり過ごした方もいらっしゃることでしょう。

さて、問題なのは、そうして「自立」を果たしたとしても、「『癒着』は切れていない」ということなのです。

思春期に無理やり母親から自立するときに、自分の心を真っ二つに割ってしまう（切り離してしまう）ようなことが起きます。つまり、**理性的・物理的に母親と距離を置く「大人な私」と、感情的・心理的には母親と「癒着」したままの「子どもの私」に自分自身を分離させてしまうのです。**

そうなると、自己矛盾を感じる現象が頻繁に起こるようになります。
理性（意識レベル）では「もう母親は関係ない。距離も置いているし、母親の言うとおりにはならないし、母親には影響を受けない」と思っています。実際、日常では母親のことなど考えずに生活できます。
しかし、ひとたび母親から連絡が入ると、心がざわつきます。そして、彼女がなにかを頼んできたら（あるいは、命令してきたら）、不快なのだけど、そのとおりにしなければいけないような気がしてしまいます。

しかも、理性的には「無視すりゃいい」と思っていても、「そんなことをしたらお母さんに悪い」「お母さんがかわいそうだし」などと感じて、子ども時代のようにお母さんの言うことを聞いてしまうのです。

「親密感への怖れ」から人と距離を縮められなくなる

こういう心理状態にあると、いわゆる**「親密感への怖れ」**が出てきます。

親密な関係＝「癒着」と感じてしまっているから、人と必要以上に距離を縮めることができなくなるのです。

これはとくにパートナーシップで顕著な影響が出てきます。好きな人がいるのに近づけなかったり、距離が近づいたら逃げ出したくなります。「好きな人と親密になりたいのにできない！」という問題が生まれてくるのです。

こうした親密感への怖れの問題は、私のセッションではよく出てくるテーマなので、今の時代に多く見られる現象なのではないかと思っています。

子ども時代の私が「癒着」を終わらせない

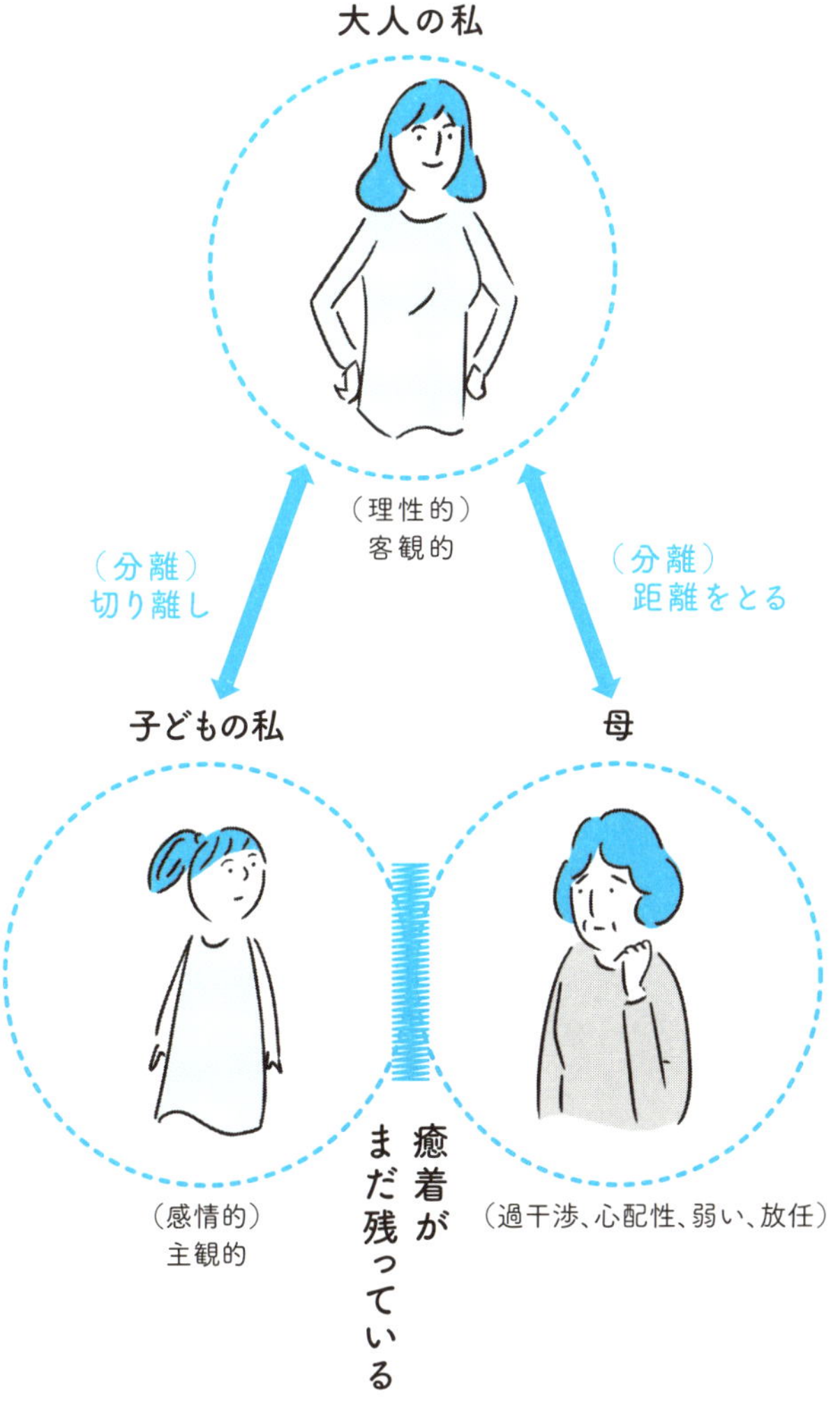

このパターンのややこしいところは**「理性（顕在意識レベル）」と「感情（潜在意識レベル）」で認識がズレてしまっているところです。**

だから、なぜ自分がパートナーと親密になれないのか？　なぜ自分が人との距離を縮められないのか？　なぜ自分が刺激の強いものに依存し続けてしまうのか？　が理解しづらくなるのです。

さらに話をややこしくするならば、「大人の私」には大人の感情があり、「子どもの私」には子どもなりの理性があるんです。

だから、「お母さんから連絡がきた」だけで、

大人の私の理性……そんなの無視すりゃいいじゃん。

大人の私の感情……うわー、うっとおしい。嫌だわ。なんかかわいそうだよね。

子どもの私の理性……お母さんの言うとおりにしといたらいいの！

子どもの私の感情……どうしたの？　お母さん。なにかあったの？　心配。

というように、これだけの情報があなたの心の中を行き交うわけですから、混乱してしまいます。

これは母親との関係を例にとりましたが、たとえば「ダメンズだった彼と別れたけれど、ずっと彼のことが忘れられない」「やりたい仕事があるのに、今の職場に罪悪感が強く出て、なかなか転職を切り出せない」などの問題も、同じことがいえます。

POINT

母親と癒着関係にあると、思春期に自立心が目覚めたときに激しく反抗するようになります。ところが、そうして無理に自立すると、理性では親から距離を置けるのに、感情では癒着したままの状態となり矛盾した行動をとるようになります。

自分の長所からも、罪悪感が生まれる

長所が発揮できなかったら？

「人の気持ちがわかる」「優しい」「賢い」「愛され上手」「前向きで明るい」「美人だ」「色っぽい」「賢い」等々、さまざまな長所を人は持っています。

自分が認めようと認めまいと、あなたには長所がありますし、あなたがそれを認めていなくても、あなたのまわりの人はその長所に気づいているものです。だから、よく自分の長所を見つけるために「あなたの身近な人に『私のいいところってどこ？』と聞いてみるといいよ」とアドバイスすることもたくさんあります。

さて、そんな長所を持っているあなたなのですが、もし、なにかの機会にその長所を発揮できなかったとすると、かなり強めの罪悪感を覚えることになります。

たとえば、「面倒見がいい」という長所を持っていたとします。職場の後輩が困っていたら、つい気になって「大丈夫？　手伝おうか？」と声をかけています。後輩はもちろん、まわりの人はあなたのその長所に助けられているのも事実です。

しかし、あるとき、ちょっとむしゃくしゃしたことがあって、イライラしていました。そんなときに、後輩が仕事でいきづまっている様子を目にします。いつもなら声をかけるのですが、イライラしていたので「今日はひとりでなんとかしなよ。いつも手伝ってもらえると思ったら大間違いなんだから」と心の中で思って、それを無視しました。さて、なんとか仕事を終えた帰り道。ふとあなたは後輩のことを思い出します。

「あの子、放っておいて大丈夫だったかしら？　なにかトラブルに陥ってないかしら？　イライラしていたとはいえ、なにかひと言声をかけるべきではなかったかしら？」と思います。そのとき、あなたが感じている感情こそが、罪悪感です。

もし、あなたが「面倒見がいい」という長所を持っていなかったなら、そんなことは考えなかったでしょう。**その長所があるゆえに、罪悪感を覚えることになってしまった**のです。

もちろん、ほんとうはそんな必要はありません。あなただって人間なのだから、イライラするときもあるし、余裕がないときもあるでしょう。いつでもその長所を発揮できるとは限らないわけですが、罪悪感はそんなときにも、あなたの心に忍びこんできます。

そんなふうに、私たちは自分の長所を発揮できなかったときに、強い罪悪感を覚えてしまうものです。

逆にいえば、**あなたが罪悪感を覚えたできごとがあったならば、そこから逆算して長所を導き出すこともできるくらい**ですから、私たちカウンセラーはクライアントさんが罪悪感で悩んでいるシーンに遭遇したら、そこから「そこがあなたの長所なんですよね。困っている人を放っておけない、面倒見がいいからこそ、そこで悩むんですよね」などとお伝えすることもあります。

POINT

優しい人は、だれかに優しくできなかったときに罪悪感を覚えてしまうもの。
そんなふうにだれもが持っている長所が、逆に罪悪感を生むきっかけになることが多いのです。

「愛を与えられなかった」ときに最大の罪悪感を覚える

罪悪感の麻痺によって、愛もまた麻痺する

私たちは「愛せなかったとき」、すなわち、「愛する人に愛を与えられなかったとき」に最大の罪悪感を覚えるといえます。

私たちは「愛したい」という欲求を生まれながらに強く持っています。「愛するために生まれてきた」ともいえるほどです。

だから、大好きな人を傷つけるような言動をしてしまったときは、強烈な罪悪感を覚えて自分を責めますし、愛する人がなにかに苦しんでいる姿を見ると、それだけで罪悪感を覚えてしまい、力になれない自分を責めることになるのです。

そして、その罪悪感が強くなればなるほど、その感情は麻痺して感じなくなります。それは「愛せなかったゆえの罪悪感」であるために、同時に愛も感じられなく

なってしまいます。「だれのことも愛せない」とか「自分は愛が薄いと思う」という方に時々お会いしますが、それは罪悪感の麻痺によって、愛もまた麻痺してしまった状態なのかな、と推測しています。

大人になるとそんな記憶は薄れてしまうものですが、そもそも私たちは両親のことが大好きで、深い愛情を持っています。だから、その両親がケンカばかりしていたり、あまりしあわせそうでなかったりした場合、まるでそれが自分の責任であるかのように感じて、罪悪感を抱きます。だから、子どもたちはみんな親を助けたいし、助けようとするのです。しかし、そうした子どもの思いを、親は親で受けとめることができません。**親もまた子どもを愛しているからこそ、うまく愛せなかったり、感情的になってしまったりしたことに、強い罪悪感を覚えてしまうのです。**

いわば、お互い愛しあっているからこそ、罪悪感が生まれてしまうともいえるでしょう。その結果、罪悪感同士が結びついて「癒着」してしまうことは、先にお話ししました。

人を愛したい人ほど、うまく愛せない

もちろんこのことは、パートナーシップや友人関係、職場の人間関係に至るまで、さまざまな場面で起こります。**愛する恋人を助けられなかった罪悪感から、その関係性を破壊しようとすることもありますし、罪悪感から自分を罰しようとして、友人をつくらないこともあります。**

またあまり意識レベルには上りませんが、**そんな罪悪感から、自分を傷つけるような人間関係を職場などで引き寄せるケースだってめずらしくありません。**次の項でくわしくご紹介しますが、愛が強く、人を愛したい人ほど愛せなかった経験を持ち、罪悪感を強く抱き、そして、しあわせではない人間関係を築くようになるのです。

POINT

私たちは「愛したい」生き物。だからこそ、愛せなかったとき、愛する人がしあわせそうでないときに、罪悪感を覚えてしまう。罪悪感を覚える関係性には漏れなく愛があるともいえるのです。

愛の量と罪悪感の量は比例する

愛が強いからこそ、罪悪感もまた強くなる

たとえば、子どもになにかあったとき、多くの母親は「私のせいで……」と罪悪感を強く覚えるものです。それだけ子どものことを愛しているからではないでしょうか。

また、大好きだった恋人と泣く泣く別れを選ぶときに「これだけひどいことをしてしまったんだから、自分はもうしあわせになってはいけない」と罪悪感を覚えるのも、それだけ恋人のことを愛していたからではないでしょうか。

そういう方々の話を聞いているうちに、愛が強いからこそ、罪悪感もまた強く生まれやすいのではないか、と思うようになりました。

つまり、**罪悪感は、愛の量に比例するのです。**

だから、なにかに対して強い罪悪感を覚えるとき、その裏側には、それと同じくらい強い愛があると考えられます。

「私は母親を笑顔にできない存在」

ある女性は、いつも「自分がしあわせになれない恋」をしていました。どこかで「自分はしあわせになってはいけない」「しあわせになる資格なんてない」と思いこんでいる様子がうかがえたので、私はその理由を探していくことにしました。

すると、彼女の子ども時代の話になりました。

彼女の両親はケンカばかりしていました。父親はほんとうは優しい人なのだけれど、心が弱く、お酒におぼれることがたびたびありました。お酒を飲みはじめると母親に暴言を吐き、時には暴力を振るうこともありました。また母親はとても明るい人でしたが、負けず嫌いな性格で、父親にあれこれと口出しをしていました。そのたびに父親がキレて母親に暴力を振るっていたのです。彼女は洗面所で泣いている母親を何度も目撃して、心を痛めていました。

彼女が思春期になるころには、ケンカは日常化しており、そのため、両親を離婚させようと彼女ががんばった時期もありました。明るかった母親も、家の中ではふさぎこみがちになり、沈んだ表情を見せることが多くなりました。

その様子を見ながら、彼女は途方もない無力感を感じていました。「自分は両親を助けられない、母親を笑顔にできない存在なんだ」と自分を責めていたのです。

彼女は両親がケンカをはじめるたびに「助けられない、力になれない」罪悪感をずっと感じることになったのでした。

その体験が、彼女の潜在意識に深くインプットされることとなり、「両親を助けられないような私は、しあわせになってはいけない」と思いこむようになります。

もちろん、そうした罪悪感や無力感は、彼女にとっては意識上にあるものではありません。しかし、話を聞いていれば、**どれくらい両親のことを愛し、助けたかったかをうかがい知ることができました。**

彼女は両親を助けられなかった罪悪感から、自分をしあわせにすることを拒否していたのです。

私は彼女に、**罪悪感ではなく、愛とつながること**を提案しました。

愛と罪悪感の関係

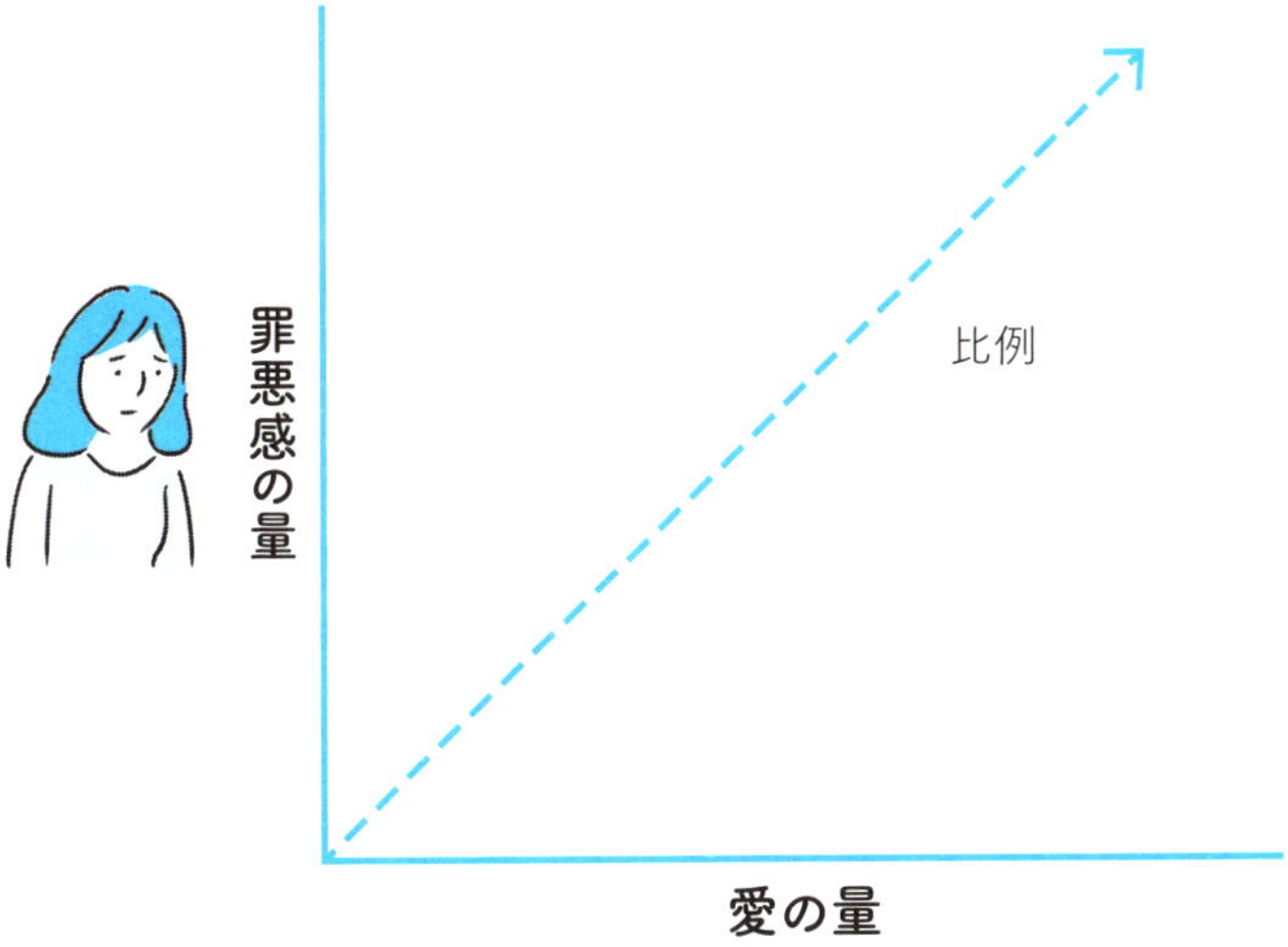

それは、両親を仲よくさせようとあれこれ気を使ったこと、泣いている母親を慰めたこと、暴力を振るう父親に立ち向かったこと……。彼女は自分が思うように両親を仲直りさせることはできなかったかもしれませんが、**それは間違いなく彼女の愛から生まれた行動で、なにも間違ってはいなかった**ということを、お伝えしたのでした。

そして、彼女がしあわせになることこそ、両親を助けることにつながるのだと、お話ししました。

「あなたがしあわせな結婚をしたときに、胸を張って、『今の私があるのはお父さん、お母さんのおかげです！』といえると思いませんか？　その言葉を、ご両親はどんな思いで聞くでしょう？　自分たちがゆるされたこと、そして、あなたが自分たちの娘であることを誇りに思えると思いませんか？」

POINT

愛が強ければ強いほど、罪悪感も強くなるもの。罪悪感ではなく、その奥にある愛にフォーカスすることで、自分をゆるし、しあわせになることを許可できるようになります。

罪悪感で人とのつながりを断ちたくなる

「人に顔向けできない」という惨めな思いが孤独な状況を生む

さて、「自分は悪いやつだ」という思いがあればあるほど、人に会うと責められているような思いを感じます。

とくに、優しい人、いい人、笑顔で近づいてくる人などに対して、怖れを抱くようになったりします。

Cさんは、もともとギャンブル好きな男性でした。パチンコ、競馬、競艇などに通っていましたが、はじめはお小遣いの中で遊ぶ程度だったんです。しかし、仕事のストレスも重なってだんだん賭ける額が大きくなり、それに伴って家族やまわりから注意されるようになりました。

彼も、よくないということはわかっていたのですが（つまり、罪悪感をしっかりと持っていた）、それ以外にストレスの解消法を見いだせなかったので、「うん、まあ、そのうちやめるよ」とまわりの声を適当にあしらいながらパチンコ店に通っていたんですね。

家族や友人たちの声はだんだん大きくなります。時には給料日に全額すってしまうこともあり、徐々にまわりの人に迷惑をかけるようになっていました。

そうして、昔から仲のよかった友だちと距離を置きはじめます。遊びの誘いも断るようになり、しまいには電話にも出なくなります。「また注意されるのが嫌だ」という思いもありましたが、「こんな悪いことをしている自分は、友だちに顔向けできない」と感じるようになったのも事実です。つまり、罪悪感はどんどん膨らんでいったのでした。

家族に対しても距離を置くようになりました。彼は実家で暮らしていたのですが、親とも顔を合わせないようになっていったのです。

そして最終的には、恋人とも別れてしまいます。結婚を約束していたのですが、罪悪感が募るうちに、自分と結婚してもしあわせになれない、と確信し、彼女に別れを告げました。

気づけば、彼は孤独になっていました。

その罪悪感によって、どんどん人との関係を切ってしまったのです。

こんなふうに、罪悪感という感情は**「人に顔向けできない。申し訳ない」**という惨めな思いをつくりだします。

その結果、その惨めさも罪悪感も感じたくないので、だんだん人から距離を置くようになり、孤立するようになっていくのです。

POINT

罪悪感があると、大切な人が何を言っても、何をしても、
自分の言動を責められているように感じて
だんだん距離をとるようになり、やがて孤立してしまいます。

STEP 2

今の罪悪感をすーっとなくす、自分のゆるしかた

すべての問題は、自分で起こしているのかもしれない

他人や状況に問題があるとする「他人軸」で人生を生きる癖

「自分のゆるしかた」をご紹介するにあたり、「問題は自分自身がつくりだしたものである」という主体的な意識がとても大切なので、そのお話からはじめたいと思います。

一般的に「問題」というのは「外」からやってくることが多いですよね。

だから「夫が……」「会社が……」「親が……」「お金が……」と自分以外の外側に問題があるように見えてしまいます。**外側に問題があるんだったら、自分は悪くないので、「あなたが変わるべきよ」と他人や状況をコントロールしたくなります。**時には自分を被害者のポジションに置いて、相手を加害者に仕立て上げることもあります。

そうした態度を**「他人軸」**と呼びます。

主語が自分以外の他人になってしまっていることからもわかるように、人生の主人公を他人に明け渡してしまった瞬間です。

反対に、「これは自分の人生なんだし、自分が主人公なんだから」と、自分を主人公にする生き方、考え方を**「自分軸」**といいます。

自分軸で生きられると、前向きに人生と向きあうことができ、能動的になって、自分から動くことができます。この状態はとても自由ですし、創造的です。相手やまわりの状況に左右されないので、いつも自分自身でいられます。

「他人軸」でいると、相手を責めたり、コントロールしたりしますし、不安で苦しい気持ちを感じますが、その一方で**自分から動かなくていいので、ある意味「楽」なのです**。それでついつい私たちは、わかっていながらも他人軸になってしまうことが少なくありません。

「会社がもっと援助してくれたらなあ」
「上司がもうちょっとしっかりしてくれたらなあ」
「夫がもっと甲斐性があったらなあ」
「彼女がもっと気が利いていたらなあ」

そんなふうに思っているときは、「会社や上司が悪いんだから、会社や上司が変わらなきゃダメだ」と考えているわけで、自分自身は変わらなくてもいいんですよね。

そんなとき、それを「問題」にしているのは、ほかならぬ「自分自身」だと気づくことが大事なのです。会社も上司も夫も彼女も「私が問題に気づくためのスイッチを押してくれた存在に過ぎない」と考えるのです。

「私自身の問題なんだ」と「自分軸」で受けとめる

たとえば、「旦那が浮気して、借金つくって、離婚だ！　って騒いで、暴言吐きまくってるんです！」という状況があるとしましょう。

ここで被害者になってもいいのですが、この問題を主体的に解決するのであれば「この問題に旦那は関係ない。私自身の問題なんだ」と自分軸で受けとめます。

それが問題になるかどうかは自分次第だからです。

もしあなたが「年収が1億円あって、内緒にしてたけどひと回り下のかわいいラブラブな彼氏がいて、こっそり離婚計画を進行中」だとしたら、その状況は問題になるでしょうか？　むしろ「渡りに船だ！」と大喜びする状況なのではないでしょうか？

「他人軸」と「自分軸」の違い

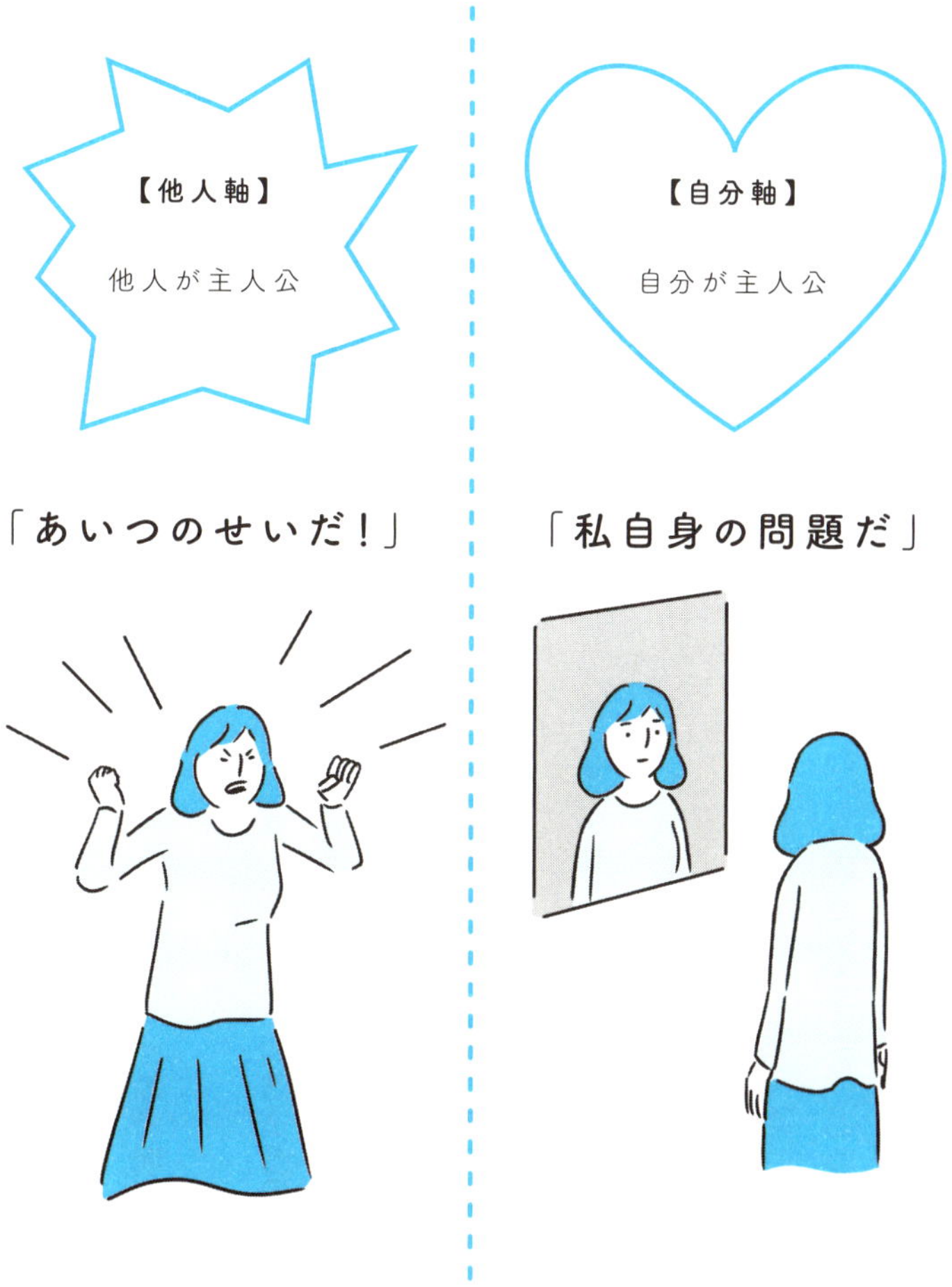

どちらの軸で生きるかによって、態度や言葉が変わる

ところが、「実はそんな旦那でも愛していて、大好きで離れたくない」と思っているとしたら、それは大問題になります。

つまり、その状況が問題になるかどうかは「私が決めている」のです。

また、「根本くん、リストラだ。今月いっぱいでもう会社に来なくてもいい」なんて言われたとしましょう。

そのとき彼が、「35年ローンを組んでまだ2年目。小学校4年生と2年生の息子がいて、これから教育費・食費がすごくかかる。しかも、自分にはこれといったスキルはないから転職も独立も考えにくい」という状況なら、大問題になります。

しかし、「いつか独立起業しようとチャンスをうかがっていた。でもなかなか踏ん切りがつかず、勇気が出なかった。このタイミングでリストラ宣告とは、これは神様が前に進め、と背中を押してくれたんだ」と考えるなら、会社からリストラを言い渡されることは問題になるどころか、後押しにすらなります。

つまり、旦那がどうのこうの、会社がどうのこうのというのは、あなたが持っているその問題に気づかせてくれるきっかけであり、善意のボランティアと解釈できるのです。さらにいえば、その問題を乗り越えることで、あなたはさらに成長し、魅力的になり、自分らしい人生を歩めるようになるわけですから、彼らはあなたを「助けてくれる存在」とすら解釈することも可能です。

もちろん、なかなかすぐにはそんなふうには受けとめられないと思いますが、少なくとも**「これを問題（悩み）として受けとめているのは私自身なんだ」**ということはおわかりいただけたかな、と思います。

そして、それが問題になっているのはなぜなのか、というところを掘り下げるのがカウンセリング（心理分析）なのですが、その過程で「罪悪感」が実によく表れるのです。

POINT

なにか問題が起きたときにだれかのせいにする「他人軸」から、自分自身の問題として受けとめる「自分軸」に意識を変えることで、主体的に問題と向きあい、創造的に解決していくことができるようになります。

「自分軸」で生きてみる

問題の解決を相手任せにしない

「自分軸」と「他人軸」について、もう少し具体的に見ていきましょう。

他人軸の生き方になっていると、問題が起きたときも**「自分は悪くない、相手が悪い」**というふうに解釈し、問題の解決を相手に任せています。そうすると、相手がまたまその問題をクリアにしてくれたらよいのですが、そうでない場合、あなたはずっと待ちぼうけを食らうことになります。その間、あなたはイライラしながら相手の言動に振り回されることになってしまうのです。

たとえば、よくある事例に「夫が浮気をした。悪いのは夫なのだから、ちゃんと相手と別れて私に謝罪し、罪を償うべきだ」というものがあります。たしかに法律的、社会的、倫理的にはそのとおりかもしれませんが、そういう態度でいる間は、なかなか問題は解決しないものです。

しかも、夫が反省して、浮気相手と別れてあなたのもとに戻ってきたとしても、「また浮気するんじゃないか？」「また裏切るんじゃないか？」と不安になって夫を監視して、縛りつけることに膨大なエネルギーを使ってしまうでしょう。

それで、ほんとうに問題が解決したといえるのでしょうか？

「自分軸」で生きるとは、そのときに「なぜ私は、夫の浮気問題の解決を、今、必要としているのだろう？　もっといえば、なぜ、私は夫に浮気をさせたのだろう？」と主体的に問題を受けとめることをいいます。

そういう見方をすることで、自分自身を振り返ることができるようになります。

「夫の愛情にずっとあぐらをかいていたのではないか？」

「この人は浮気なんてするわけない、という慢心があって、女性であることを捨てていたのではないか？」

「夫を自分の親かなにかのように頼りまくっていて、夫の心境を慮《おもんぱか》ることができていなかったのではないか？」

「夫にいつも感情をぶつけてしまい、夫の精神的な負担を増やしてしまったのではないか？」

「いつも私は愛されることばかりを考えていて、愛することをしていなかったのではないか？」

そんなふうに、自分の中にあるなにかがこの問題を引き起こしているのではないかという見方をすることで、この問題に主体的に取り組むことができるようになります。

自分のせいにするのではなく すべての問題は「50／50」ととらえる

実際、私のカウンセリングにおいては、このようなご相談をいただくと、お話をひととおり聞いた上で「夫が浮気せざるを得なかった事情」についても考えるようにうながしています。

もちろん「奥さんが悪い」ということを言いたいわけではありません。「ケンカ両成敗」という言葉があるように、**すべての問題は50／50で、対等であるという見方をしています**。夫にも問題はあるけれど、妻側にもなんらかの問題があって、今の状況になっているんじゃないか、というふうに考えるのです。

しかも、「夫が浮気をしたのは、私が夫に甘えすぎたから？」なんて自分のせいにしてしまうと、それこそ罪悪感が生まれて自分を激しく責めるようになります。

自分を責めるのが
「自分軸」で生きることではない

自分への課題としてとらえ、
どう解決していくかを考えていくことが必要

それでは逆効果です。

この問題は、自分自身を成長させ、2人の関係をより素晴らしいものにするために与えられた課題なんだ、と前向きにとらえられるように、この「自分軸」というあり方を提案しているのです。

自分軸を確立する方法は、拙著『**人のためにがんばりすぎて疲れた時に読む本**』**（大和書房）**あるいは『**敏感すぎるあなたが人付き合いで疲れない方法**』**（フォレスト出版）**にくわしく書いていますので、ここではシンプルな方法をいくつかご紹介したいと思います。

1.「私は私、他人は他人」と相手との間に明確な線引きをする

「私は私、夫は夫」というふうに、自分軸を確立したい相手を入れて、その言葉を何度も何度も口に出して宣言します（「アファメーション」といいます。P154参照）。

2.「私は」「私が」と主語を明確に意識する

他人軸になっているときは、主語が他人になってしまうものです。そこで「私は」「私が」という主語をより意識して会話をしたり、思考したりします。「私は今、チョコレートを食べたい」「私は今、悲しい」「私は今から買い物に行く」というように、ふだんなら意識しない主語を明確にすることによって、自分軸を築きやすくなります。

3．今できることをする

今できることを、なにか探して行動します。といっても、そんな大それたことではなく「手を叩く」「歌を歌う」「お皿を洗う」「書類に落書きする」「紅茶を淹れる」などと簡単なことでかまいません。

この「今できることをする」ということを、日々意識して実行できるようにすると、自分に意識を向けることができて、自分軸を確立できるようになっていきます。

4. 自分をほめまくる

これは自己肯定感を上げる方法にも通じるのですが、自分で自分をちゃんとほめてあげることを意識します。

私は「ほめ日記」といって、毎日5つくらい、どんなことでもいいので自分をほめる日記をつけることを推奨しているのですが、この「ほめ日記」を日々やっていくと、だんだん自分のことが好きになってきて、笑顔が増え、そして、自分軸を確立できるようになっていきます。

5. 「できること」と「できないこと」の線引きをする

「それって自分にできることなのかなあ?」という質問を投げかけることがあります。他人軸になっているときは、その相手が意識の中心にあるので、その人のことまで背負い、なんとかしようとしてしまいます。もちろん、これは罪悪感からくる補償行為であるケースもたくさんあります。

「相手の気持ちは私にはどうすることもできないから、自分にはできないこと」

「受験するのは娘自身なのだから、私はただ応援することしかできない」

そんなふうに「できること」と「できないこと」の区別をきちんとつけることで、自分に意識を向け、自分軸を確立することができるようになっていきます。

ほかにも方法はたくさんありますが、「これならできそうだ」という方法を、毎日ひとつ続けるのが、早く自分軸を確立する秘訣です。

POINT

あらゆる問題は「対等」なので、だれかが一方的に悪いというふうに考えないほうが、前向きに取り組めることが多いものです。

そのためには、「自分軸」を確立することがとても重要。

「私は……」という意識をつねに持つことが大切です。

「罪そのもの」を客観的にながめて、自分を責めない

罪悪感から解放されない考え方

なにか問題が起きたときに「これは自分のせいじゃないか？」と感じるのは、罪悪感がある証拠だと以前お話ししました。これはもともとあなたの心の中にあった罪悪感が、問題が起きたことをきっかけに浮上してきたことを示しています。だから、その罪悪感を癒すことで、その問題を解決することが可能になります。

ただ、ここで注意したいのは「自分のせいだ」ととらえて「自分が悪い」「自分がなんとかしなければならない」とその問題を背負ってしまう必要はないということです。

「自分のせいだ」と自分を責めることと、「自分に原因がある」と「自分軸」でとらえることは、全然違います。

罪悪感に支配されている状態だと「これは全部自分が悪いんです。自分のせいなんです」と自分を責めます。しかも、仮にまわりの人があなたをゆるしてくれたとしても、罪悪感はますますあなたを責めるために「そんなことないんです。こんなことをした自分はゆるされていいわけないのです」とあなたに思わせます。だから、いつまで経っても罪悪感から解放されることはありません。

つまり私たちは、仮に他人が自分をゆるしてくれたとしても、自分が自分をゆるせないと、その罪悪感からは解放されないのです。

罪悪感は巧妙に攻撃してくる

「自分に原因がある」と自分軸でとらえるということは、罪悪感にとらわれることなく、客観的に自分を見つめることです。

つまり、自分を責めることはしません。

しかしそこで、罪悪感は巧妙にあなたに攻撃を仕かけてきます。そのひとつが他者からの「あなたが悪い！」「あなたのせいだ！」などという指摘です。

自分に原因があると受けとめている事象について、それを自分の責任だと主張されると、私たちはつい罪悪感の魔の手に落ちそうになるでしょう。

またそこで、「違うんです！　私が悪いわけではないんです！　ただ原因が私にあるだけなんです！」と主張したとしても、相手には理解されないでしょう。むしろ、「自分が悪いことをしていて、なにを開き直っているんだ！」と相手を逆上させてしまうかもしれません。

そこでは素直に「謝罪の意」を示し、しかし、「罪悪感から自分を責めない」という態度が、自分軸で問題と向きあう姿勢です。

なかなか微妙な舵取りが必要に思われるかもしれませんが、自分軸で生きられているると、まさに**「罪を憎んで人を憎まず」**を自分自身に適用できるようになります。

POINT

なにか問題が起きたときに、罪悪感から「自分が悪い」と責める必要はありません。自分軸でいられると「自分のなにが原因で、この問題が起きたのか？」というように自己否定することなく、向き合うことができるようになります。

罪悪感を癒すことは、自分をゆるすこと

自分で自分のことをゆるせなければ問題はなにも解決しない

なにかのきっかけで罪悪感を覚えてしまったとき、たいていはそんなことをした自分を責めるし、相手を傷つけたのであれば、その痛みを補償するような行為を選択してしまうものです。

しかし、もしそこで、相手に対して悪意があったわけではなく、過誤であったのであれば、その行為は、そこまで責められるべきものだったのでしょうか？

また、もし、罪悪感からあなたが自分を責めていて、補償行為を繰り返し、相手が「もういいよ、君のことはゆるすよ」と言ってくれたとしても、先ほど紹介したように**自分のことをゆるせなかったら、自分で自分を責め続けることになるでしょう。**

相手からゆるされることは、罪悪感を多少は軽くしてくれる効果があったとして

も、それですべてが解決するわけではないのです。

そこで**「自分を責める=自分を傷つけ続ける」**のであれば、**相手があなたをゆるしてくれたとしても、問題はなにも解決していません。**

だって、あなたは全然しあわせではないのですから。

「あなたが自分自身をゆるす」ということが、なにより重要なのです。

つまり、罪悪感を癒す、ということは、自分自身をゆるす、ということとまったく同義なのです。

POINT

だれかからゆるしてもらったとしても、
自分がそれを受け入れられなければ、
罪悪感によって自分を責め続ける現実は変わりません。
自分自身をゆるすことが、罪悪感を癒すことになります。

自分をゆるすために「自己肯定感」を育てる

自分自身を傷つける言葉をやめる

罪悪感に縛られていると、その自分を「悪者」としてとらえて、自分で自分を罰するようになります。

「あなたが自分自身に対して言っている言葉を、人に対して言ったら、どうなると思いますか？　少なくても名誉棄損、もしかすると傷害罪になっちゃいませんか？」という話を、よくセミナーなどでさせていただくのですが、心当たりはありませんか？

他人がなにかミスしたときには「いいよいいよ、大丈夫だよ」って優しく言ってあげられるのに、自分自身に対しては「なにしてるの！　ほんとに無能なんだから！　どれだけの人に迷惑がかかると思ってるのよ！　ほんとにこのバカ!!」的な言葉を発していませんか？

いやいや、もっとひどい言葉を自分に対して吐きまくっていませんか？

罪悪感があると、その自分自身への罵声がほんとうにひどくなります。まわりからは温和に見える人が、その心の中で、散々自分を責め続けていることもめずらしくありません。自分の内側の世界は、ふつう他人には見えない世界ですから、そこで虐待に似たようなことが行われていても、全く気づかれません。だから、私たちは思う存分、自分を責めることができてしまいます。

そして、**そんな自分を責めるような、自分自身をひどく傷つけるような言葉を発することをやめる、ということが「自分をゆるすこと」になります。**

「それが今の私だから」と肯定する

とはいえ、自分に対してひどい言葉を言わないようにする、ということは、もちろんよい心がけなのですが、いきなりそれをやめるのは、長年の習慣から難しいことも多いでしょう。それよりも「やめたいのにやめられない」と、また新たに自分を責めるネタをつくってしまいます。

そんなときは、**自己肯定感のあり方である「それが今の私だから」という新しい言**

葉を、自分に対して言ってあげることをおすすめしています。

仕事でミスをして自分を責めそうになったときに「それが今の私だもんな。しょうがないよな」というふうに、そのときの自分をまるごと受け入れてあげるのです。もちろん、これは気持ちが伴わなくても大丈夫。セリフならば棒読みになっちゃうかもしれませんが、それでもかまいません。

罪悪感を覚え、自分を責めそうになったときに、ただ**「それが今の私だから」**とつぶやく（心の中で思う）だけでいいんです。それが**「今の自分をゆるす」**ということにつながります。

友だちや後輩に接するように、自分に接する

また先ほど、他人に対しては「いいよ、いいよ」と言ってあげられる、と紹介しましたが、これもまた応用することで「自分をゆるす」ためのシンプルなエクササイズに変身します。それは、「他人に対して言える言葉を自分自身に言ってあげる」ということです。

言い換えれば**「あなたが友だちや後輩に接するように、自分に接する」**ということ。

たとえば、自分がなにかミスをしてしまったときに、罪悪感から自分を責めそうになるところを「ちょっと待った！」とストップをかけ、「もし友だちや後輩が同じことをしたら、なんて言うだろうか？」と考えます。

そして、「いいよ、いいよ、大丈夫だよ」って言うだろうなと思ったら、そのセリフをそのまま自分自身に言ってあげるのです。

こうした方法には即効性はありませんし、はじめはぎこちなく、素直にその言葉を受け入れられないことも多いのですが、それで大丈夫です。思い出したときに使ってみると「あれ？　気がつけば、ちょっと心が軽くなってる」という実感が得られます。

POINT

「それが今の私だから」というセリフを自分に言う癖をつけたり、友だちや後輩に接するように自分自身に接したりすることで、罪悪感から自分を責める習慣を変えることができます。

「自分」という乗り物を悠々と乗りこなす

「これが今の自分だから」と自分を認める

あなたは今まで「自分」をどんなふうに扱ってきたでしょう？

扱いにくい乗り物のように扱ってきてはいませんでしたか？

私たちには「感情」という理屈では制御できない代物があって、「今日がんばらなきゃいけないのに気力がわかない」「こういうときは優しくしなきゃいけないのに怒っちゃう」「これだけよくしてもらっているからありがたいと思わなきゃいけないのに、もっともっとと愛情を求めてしまう」などといった葛藤を、つねに抱えています。

そして、そこにも罪悪感がひたひたと忍びこんできて「がんばれなくてごめんなさい」「怒っちゃってごめんなさい」「こんなにほしがりですみません」というふうに、自分を責めるルーティンができあがりやすいのです。

自己肯定感というのは、そんな自分を「それが今の私だから」と受け入れることを提案しているわけですが（P146参照）、**そうして自分を受け入れることは「自分という乗り物を乗りこなす」方法にほかなりません。**

私たちの感情は、波のように上がったり、下がったりを繰り返します。よいときもあれば、よくないときもあります。

とくに女性は、男性に比べると5〜10倍ほど感情を感じる生き物といわれていて、それだけ感情の大波にさらわれやすいんです。それを私たちは、いつしか「感情はコントロールすべき」という観念に支配されてしまい、思いどおりにならない感情に対して、強い否定的な思いを抱くようになります。

しかし、残念ながら感情の波は、意識レベルではなかなかコントロールできるものではありません。そこで、自己肯定感を上げることで、そうした感情の波を、サーファーのようにうまく乗りこなすことができるようになります。

だから、私はセミナーなどでも**「感情の波に上手に乗れるサーファーをイメージしてくださいね！」**という提案をよくしています。

自分の感情の波を乗りこなそう

そんな自分もOK!

そのためには、サーファーがパドリングしながら波を観察するように、今の感情を客観的に観察してみることで、自分の感情を受け入れながらも、その波に飲まれないようになっていきます。

さらに、**自分の心を「実況中継するように」観察してみることがおすすめです。**

「取引先が期待するほどの提案ができなくて、悔しいし、申し訳ないし、そんな自分が情けないって思ってるなあ。このままじゃ取引を打ち切られるかもしれない不安も出てきているし、上司に報告するのが怖いと思っているよなあ。自分なりにがんばって解決策を考えたつもりだったけど、やはり上司が『手伝ってやろうか』と言ってくれたときに素直に聞いとけばよかったなあ。後悔しちゃってるよなあ。なおさら、上司に報告するのが気が重たくなってきてるよ」

このように自分の気持ちを客観的に見ることで、感情の波に飲まれないばかりか、その自分を否定したり、ダメ出しすることを緩和することが可能です。

とはいえ、時にいきなり大波が襲ってくるように、つねに客観的に感情を観察することは、難しく感じられるかもしれません。

だから、**できるときに、こうして自分の心を観察することで、自分自身と上手につきあえるようになる（＝自分を乗りこなすことができるようになる）**のです。

とくに罪悪感という感情は、即座に自己否定的な思いをつくりだしますから、このような感情を観察する方法を身につけると、自分を傷つけることを避けられるようになっていきます。

POINT

私たちには、理性では制御できない「感情」があり、
それに振り回されやすい生き物です。
そんな感情を客観的に見つめようとすることで
「自分」という乗り物を上手に乗りこなせるようになります。

自分自身に「無罪」を宣告する

潜在意識に言葉を届ける

罪悪感を癒し、自分をゆるすシンプルな方法として、私は**「アファメーション」**をよく提案しています。

アファメーションとは**「肯定的暗示」**と訳されるもので、**何度も何度も声に出してみることで、徐々に潜在意識にその言葉が届き、効果を発揮してくれる方法**です。これもまた即効性はあまりありませんが、土に蒔いた種に水をあげるようにコツコツ続けてみると、やがて芽を出し、花を咲かせてくれるようになるものです。

とくにここで紹介するアファメーションは**「無罪宣言」**といえるもので、今までほんとうにたくさんの方に試していただきました。罪悪感が強い人ほど、最初はものすごい抵抗が出てきたり、時には涙があふれてきたりしますが、何度も繰り返し言葉にしていると、気がつくと心が不思議と落ち着き、安らかな気持ちになります。
ぜひ、声に出して何度も言ってみてください。

〈無罪宣言〉

「私は私をゆるします。
私は無罪です。
私の罪はすべてゆるされました。
私は牢屋の扉を開け放ち、自由に空を飛び回ることができます。
私は私を愛します。
私はもう無罪です」

罪悪感があると、自分で自分のことがゆるせなくなります。
そして、一方的に罪を背負い、自分を牢屋にぶちこみ、罰を与え続けます。
つまり、自分をどんどん不自由な状態にしていくのです。
そんな自分を牢屋から解き放ち、空を自由に羽ばたくことができる許可を与えるのが、このアファメーションです。

〈無罪宣言〉は、あまり感情をこめずに口にする

罪悪感が強い方は、「私は無罪です」という言葉でつまってしまうことが多いのですが、できるだけ淡々と、あまり感情をこめずに言うのがおすすめです（まるで祝詞やお経を読み上げるようなイメージで）。

感情をこめて読みたくなるかもしれませんが、そうすると感情（とくに罪悪感）が動きやすくなり、この言葉に反発して葛藤が生まれます。結果、アファメーションをするだけで苦しくなってしまいます。

私の罪悪感をテーマにしたセミナーに出てくださった方で、はじめはこのアファメーションを全然声に出して読めなかった方がいらっしゃいました。彼女は長年、罪悪感で自分を傷つけてきたために、自分に対して無罪を宣言することに猛烈な抵抗が出てきたのでした。セミナー中も涙がたくさんあふれ出ていました。

そんな方が、コツコツとこのアファメーションを続けてくださったのです。

そして、数週間後。

「なんだか最近、体が軽いんです。肩の荷が下りたようで、ほんとうに軽いんです。びっくりです。そして、気がつけば自分を責めることがほとんどなくなりました。自分を責めそうになるときに『私は無罪です』という言葉がフッと浮かんでくるようになって、そこでストップをかけられるようになったんです!」

と目を輝かせて報告してくれたことがあります。

実際彼女は、セミナーで会ったときよりもすっきりした表情に変わっていて、ほんとうに「憑き物が落ちた」ような印象を受けたのでした。

POINT

「私は無罪です」というシンプルなアファメーションを続けることで、罪悪感から解放され、心が軽くなり、自分を責めることがなくなっていきます。

1日1通、感謝の手紙を書く

優等生ゆえの罪悪感から夫婦関係に亀裂が入った例

罪悪感で強く自分を責めているときは「申し訳ない」「ごめんなさい」という思いは出るものの、「ありがとう」という感謝の言葉が言えなくなります。

ある男性の事例をご紹介しましょう。

彼は仕事をとてもがんばっていて、かなりの成果を収め、職場での評価も上々、前途有望な金融マンでした。しかし、仕事のストレスを家族にぶつけていて、酒を飲んでは奥さんにつらく当たることを繰り返していました。そして、あるとき、奥さんから「離婚を考えている」と宣言されました。彼はどうしていいのかわからなくなり、私のセッションを受けてくださったんです。

彼は子どものころからずっと優等生で、有名大学を出て、大手の金融会社に勤めていたのですが、それは裏を返せば、ずっと自分を押し殺して「いい子」をし、だれかの期待に応える人生を送ってきたことを表していました。お会いしたときも、誠実そうな穏やかな風貌をしていて、物腰もやわらかく、頭の回転も速いエリートに見えました。お話をうかがわなければ、そんなにお酒に溺れているとは信じられません。彼は奥さんに対してもはじめはとてもいい夫を〝演じていた〟のですが、仕事で成果を出し、立場が上になればなるほど責任が大きくなってストレスがたまり、だんだんお酒に頼るようになりました。仕事関係でお酒を飲む機会が多かったことも災いして、一時は毎晩なんらかのお酒を飲まなければいけないくらいになっていたのですね。

そして、いつからか奥さんにあれこれと不満を言うようになり、暴言などを吐くようになっていたのです。そんなときに出たのが、奥さんからの「離婚宣言」でした。

自分をゆるし、関係を築き直すステップへ

聡明な彼は自分がしていることをよく理解していました。そして、奥さんや子どもたちに対して大きな罪悪感を持っていることを自覚していました。「離婚されるよう

なことを私はしてきたし、それだけつらい思いを妻や家族にさせたわけですから、どう償ったらいいのか」という話もされていました。

彼はすでに禁酒をし、家族に謝って「もうお酒を飲まないなら」という条件付きでゆるしを得ていましたが、冷静に自分がしてきたことを振り返ると、罪悪感はむしろ募るばかりでした。

彼の告白は、さながら懺悔のようで、私は神父さんのような気分で話を聞いていました。「これからどうしたらいいのでしょうか?」という彼の相談に、私は「自分をゆるしましょう」と提案しました。「罪悪感を手放して、自分をゆるし、そして、もう一度、奥さんやご家族との絆を取り戻しましょう」と言いました。

なぜならば、**彼は今も家族のことをとても愛していて、それがゆえに自分がしたことに罪悪感を覚え、家族を守るために離婚もやむなし、と考えていたから**です。

「感謝」の気持ちを手紙に書くことで罪悪感から解放される

そこで私は、彼に「毎日1通、だれかに感謝状を書く」という宿題を出しました。

罪悪感は自分を罰しようとする感情であり、それゆえ、奥さんや子どもたちに「ごめんなさい」は言えても、「ありがとう」を言いにくくなります。感謝するような資格などないように感じてしまうからです。

そこで「感謝」を手紙に書くことをお願いしました。奥さんや子どもたちに対してはもちろん、両親、学生時代の恩師、仕事に就いてからお世話になった方々、だれでもいいからその日に思いついた人に対して感謝の手紙を書きます。「なんか写経みたいですね」と彼は苦笑いしていましたが、たしかにそんなイメージですね。

そして、彼はこの1日1通感謝の手紙を書くという宿題を実に2ヵ月も続けました。

ある日彼は、前回とは打って変わった表情でセッションルームを訪れ、「おかげ様で、妻とはかつてよりもいい関係になりました。しかも、職場の人間関係が驚くほど円滑になり、取引先からも以前よりもうれしい言葉をかけていただく機会が増えたんです！」と目を輝かせて報告してくれました。

彼は、はじめの数日は奥さんにあてて感謝の手紙を書きました。出会ってから今日までのことを振り返りながら、さまざまなことが思い出され、感謝の思いでいっぱいになり、たくさんの涙が頬を伝ってきたそうです。しかしそれゆえに、罪悪感もより強く出てくるようになり、自責の念にとらわれます。それは子どもたちに書いた手紙のときも同じでした。だから、この宿題はかえって逆効果なんじゃないか？と思ったときもあったそうです。しかし、それでも私を信じてくださり、かつて自分を指導してくれた上司やお世話になった取引先など、仕事関係の人に対して手紙を書きはじめたころから、少しずつなにか変化が起きてきたといいます。

まず、**体や心が軽くなってきたこと**。そして、**自分でもわかるほどに笑顔が増えてきた**そうです。2週間くらい経ったころには、後輩などから「なにかいいことあったんですか？」と言われ、長いつきあいの取引先には「なんか最近調子よさそうだね。だいぶ業績上がってるんじゃないの？」と言われたこともあったそうです。

そしてあることに気づきました。仕事で人と話すことが、以前よりもグッと楽になっていたのです。今までもそんなに人に対して気を使っているという意識はなかったのですが、それまでとは全然感覚が異なり、自分から心を開いて話ができるようになったのでした。

仕事でのコミュニケーションには、いろいろな「計算」が入ることが多いものです。自分に不利になるような発言を控えたり、自分の意見を通すためにあれこれテクニックを使ったり、相手にいい印象を残せるように笑顔をつくり、はつらつとした声を発したり。しかし今の彼は、もうそういうことはしなくても、自然と笑顔になり、損得を考えずにコミュニケーションがとれるようになっていたのです。

そして、職場での変化に気づいてからしばらくして、奥さんとの関係もグッと好転していきます。

彼はそれまで感謝の気持ちを便箋にしたためてはいたのですが、実際本人に渡したことはなく、ずっと自分の部屋の引き出しにしまっていました。奥さんに対する感謝の手紙も10通になろうかというころ、ふと「この1通は妻に渡したい」という気持ちが芽生え、思い切って封筒に入れて渡してみたのです。

「感謝」が罪悪感を癒し、彼を前に進ませてくれた

奥さんはその手紙を読みながら、涙を流してくれたそうです。彼はその姿を見て、なぜか「これでほんとうにゆるされたような気がした」そうです。奥さんは涙を拭うと「ありがとう」とひと言だけ言い、寝室に行ってしまいました。

その翌日、彼は出社するときに、奥さんから「あとで読んで」と小さなメモを渡されました。駅のホームでそのメモを開くと**「全部ゆるしてあげる。あなたはこの1、2ヵ月でほんとうに変わったと思う。私はあなたの奥さんでほんとうによかった。これからもよろしくね」**というメッセージがしたためられていました。

思わず涙があふれてきて駅のトイレに駆けこんだ彼。何本も電車をやり過ごして遅刻することになったのですが、最高にしあわせな1日だったそうです。そして、その日は空を飛べるんじゃないかと思えるくらい、体も心も軽くなったといいます。

ちなみに彼は2回目のセッションの前日、ふと思いついて、今まで書いたことのない相手に感謝の手紙を書きました。それはほかならぬ、彼自身への感謝の手紙でした。そして、その感謝の思いは、自然と自分を生み育ててくれた両親、一緒に育った兄弟、今まで出会ったたくさんの人たち、最愛の妻や子どもたちへと広がっていったのでした。

罪悪感が癒され、自分をゆるすことができると「自分が自分でほんとうによかった！」という思いを実感することができるようになります。彼は私などが言わずとも自分でそのことに気づき、自分自身への感謝の手紙を書くことができたのでした。

こうして彼は罪悪感から解放され、家族との絆だけでなく、仕事での人間関係も好転させることができました。逆に見れば、それくらい彼の罪悪感は人間関係に暗い影を落としていたといえるのです。

「感謝」は罪悪感を癒すために、最も効果的な方法ではないかと思っています。

感謝のエネルギーは罪悪感を浄化し、その奥にある愛と直接つながります。

つまり、「感謝」は「愛そのもの」なのです。

あなたが罪悪感を手放したいと思ったら、あなたの大切な人を思い浮かべて、感謝の思いを送ってみましょう。もしその気になったら、それを手紙にしたためてみてください。この彼のような気分を、あなたもきっと味わえるようになるでしょう。

POINT

罪悪感は「感謝」によって癒すことができ、その効果は絶大。
自分とかかわってくれた人たち一人ひとりに
感謝の手紙を書くことで、罪悪感から解放され、
人間関係や、人生そのものも大きく変えることができます。

あなたを、心から愛してくれた人は、だれ？

P116で「愛の量と罪悪感の量は比例する」というお話をしました。罪悪感を手放す＝自分をゆるすために最も効果的な方法は、愛とつながることです（感謝も愛とつながる方法のひとつですね）。

そこで愛で罪悪感を癒す効果的な方法を、これからご紹介しましょう。感謝の手紙を書く上でその下地になってくれるものでもあり、とくに、この項をはじめとした3つの質問は、時間をかけて答えることで、あなたの心の中に愛があふれ、罪悪感を浄化してくれるものです。自分の人生を振り返りながら、罪悪感を手放していくことにしましょう。

自分にそそがれた愛を思い出す

私たちは、愛がなければ生き残ることはできませんでした。

私たちが今生きているということは、だれかに愛されてきたことを示しています。私が今まで出会った方の中には、ほんとうに耳をふさぎたくなるようなつらい人生を歩まれてきた人たちもいます。しかし、そんな彼らの人生においても、光を灯してくれた存在は必ずいます。

ある男性の両親は、顔を合わせればケンカを繰り返し、父親は酒を飲んで暴れるだけで、家に一切お金を入れない人でした。一方で母親は感情的に不安定で、いつも悪口や文句を言っており、男ができると何日も家に帰ってこないような人でした。

ひとりっ子の彼はロクに食べるものも与えられずに育っていたのですが、そんな彼を救ってくれたのは、小学校の先生でした。明るく彼を励まし、時には家に招いてご飯を食べさせ、休日も一緒に過ごしてくれました。運動会や遠足のお弁当は、先生のお母さんが彼の分まで作ってくれていました。その先生が「勉強をがんばりなさい。そうすれば道が拓かれる」と言ってくれたので、彼は必死に勉強し、やがて医師になります。そして、自分が子どものころ、ほんとうに苦しかった経験から、小児科医となって子どもたちを救う仕事に就きました。

また、幼いころに両親が離婚し、母親の実家で育てられた女性は、いつも祖母や母親から父親の悪口を聞かされていました。その祖母と母親も折り合いが悪く、日々ケンカばかり。そして、2人とも彼女に対してひどい言葉をぶつけ、彼女は毎日泣きながら暮らしていたのですが、救いになったのは東京に住む叔母さんの存在でした。

叔母さんは実家に帰ってきては、彼女のことを「この子はかわいい」と言って優しく接してくれました。東京にいる間も彼女のことを気にかけ、時々電話をかけてくれました。彼女はその叔母さんの存在があったからこそ、生き延びられたといいます。その叔母さんの愛をしっかり受けとった彼女は、東京に出て仕事をバリバリこなし、今では優しい旦那さんとしあわせな家族を築くまでに至っています。

私の仕事は**その人の人生の中に愛を見つけること**だと思っています。ここでご紹介した方々以外にも、とてもつらい人生を送ってこられた方と、たくさんご縁を持ちましたが、必ず、そこには愛がありました。だから、その愛を見つけることが、いつしか私の仕事そのもののように思えるところがあります。

さて、あなたも今、自分の人生を振り返ってみてください。

あなたを愛してくれた人は、だれでしょうか？

ご両親かもしれないし、おじいちゃん、おばあちゃんかもしれません。親戚の叔父さん、叔母さん、学校や塾、習い事の先生、クラブの顧問、先輩、そして、職場の上司や同僚。もちろん、現在や過去のパートナー。そして、お子さんがいらっしゃる方は子どもたち。もちろん、大切な友だちもあなたを愛してくれた人でしょう。犬や猫などのペットだってあなたを愛してくれた存在に違いありません。

また、いつも立ち寄っていたお店のおばちゃんや、ご近所さん、さらには、よく行く店のマスターや、たまたま旅先で出会った人。

もちろん、すでに亡くなられた方でもかまいません。

あなたはだれの愛によって、今日まで生きてこられたのでしょうか？

そんな愛を、今、改めて思い出してみてください。

そして、彼らがあなたに贈ってくれた愛に、改めて「ありがとう」と感謝の気持ちを向けてみてください。

POINT

「愛」とつながることで、罪悪感を癒すことができます。
自分を愛してくれた人たちのことを思い出すだけで
私たちの心には愛があふれ、その瞬間に、
罪悪感から解放されるのです。

あなたのしあわせを喜んでくれる人は、だれ？

心地よい愛で満たされよう

愛とつながる2つめの質問です。前項の「あなたを、心から愛してくれた人は、だれ？」とよく似ていますから、同じ人の顔が浮かぶかもしれません。しかし、先ほどより少し幅広く、そして、気軽にとらえられる質問です。

たとえば、会社の同僚などを思い浮かべて「私を愛してくれているか？」と問うても、ちょっと疑問符がつくかもしれませんが、「私のしあわせを喜んでくれるか？」と問えば「たぶん、喜んでくれるだろう」と思えるでしょう。

きっとあなたの顔なじみの人のほとんどがあなたのしあわせを喜んでくれるはず。

その一人ひとりの顔を思い浮かべるだけで、あなたの心は心地よい愛で満たされていくと思います。

私自身の話を少しさせてください。私の両親は、私が中学生のころに離婚してしまい、その後、父親とは数回しか会ったことがありません。当時私は思春期だったので、両親の離婚の話を聞いても「ふーん」としか思いませんでした。その後、地元を離れて大阪に移りましたし、父親も再婚したそうで、縁は薄かったのです。

また父親自身は、幼いころに実母を亡くし、継母にいじめられて育ったことからコミュニケーションが苦手で、愛情のこもった言葉など、おそらくほとんどかけてもらっていません。だから、大人になったころの私は、あまり父親に愛されていなかったように思っていたのです。

それが心理学を学ぶようになり、父親なりに、不器用だけどちゃんと愛があることを理解したのでした。また、幼少期の記憶もよみがえってきて、よく遊んでもらったことなどが懐かしく思い出されるようになりました。

そんな20代の後半のあるとき、母親から父親の訃報を知らされます。ついに生きて再会することはできなくなったのでした。そして、その後、こんな話を母親から耳にしました。

「俺の息子はどこの高校を出て、どこの大学を出て、どこの会社に勤めてる立派な息子なんだ」「とても優しくて、いい子なんだ」と病床で散々私のことを自慢していたそうなのです。母親が私の近況を父親に知らせていたのだろうと思うのですが、それを死の床でも覚えていて、そんなふうに語ってくれていたと知ったとき、胸が熱くなりました。息子である私のことを忘れずに覚えてくれていて、しあわせを祈り、愛してくれていたということが痛いほどわかったからです。

かつては縁が薄く、愛してもらっていたのかさえ自信がありませんでしたが、その後の私にとっては、父も、「私のしあわせを心から喜んでくれる人」になったのです。

ちょっとまわりの人たちを見回してみてください。

あなたがしあわせになったら喜んでくれそうな人はだれでしょうか？　そういう目で見てみると、**自分が思っている以上に、私たちはだれかに愛されているということに気づけるかもしれません。**その愛を受けとることを自分にゆるしましょう。

POINT

私たちはだれかからの愛がなければ生き残れませんでした。
「私がしあわせになったら喜んでくれる人」を想像してみましょう。
自分が思う以上にだれかから愛されているということに気づけるかもしれません。

あなたは、だれのために
がんばってきたの？

罪悪感があっても、
それが愛であることに間違いはない

愛とつながる3つめの質問です。子どもたちはみんな親のことが大好きで、親を喜ばせたいと思って一生懸命がんばります。その後も、学校の先生や同級生や仲間たちのために、時には学校の名誉のために、がんばってきた方もいらっしゃるでしょう。失恋してつらそうにしている友だちのために、一生懸命話を聞いて励ましてあげたこともありますよね。

また、好きな女の子や男の子のために、私たちはほんとうにたくさんがんばってきたと思います。女の子だったら一生懸命オシャレをして、かわいいと言ってもらえそうな服を選んだり、笑顔の練習をしたり、彼の話をたくさん聞いたり。また、男の子だったら、彼女が喜びそうなお店やプレゼント選びに気合を入れたかもしれません。

2人の間に問題が起きたときは、さらにがんばって、なんとか相手の心をつなぎとめようとしたことでしょう。

就職してからもまた、上司、同僚、そして、取引先、さらには家族のためにがんばっていると思います。

だれかのためにがんばること。

それは時に犠牲的だったり、罪悪感からくる補償行為だったりする場合もありますが、そこにはちゃんと「愛」があると思っています。

その人を喜ばせたくて、その人の笑顔が見たくて、その人を少しでも楽にしてあげたくて、その人を少しでも元気にしてあげたくて、がんばったのだとしたら、それは愛に間違いありません。

だから、「あなたは、だれのためにがんばってきたの？」という質問は「あなたは、だれを愛してきたの？」という質問と同じです。でも、後者の質問よりも、前者の質問のほうが答えやすいと思いませんか？　だから、私はワークショップなどでは「だれのためにがんばってきたの？」という実習をしてもらうようにしています。

あなたもぜひ「だれのためにがんばってきたのか？」を今、思い出してみてください。

そうして自分の人生を振り返ってみると、実にたくさんの人を愛してきたことに気づきませんか？

罪悪感は、あなたの愛の量を教えてくれる

しかし、あなたの愛は、時に罪悪感と裏腹になってしまうものです。

「親を喜ばせたくて受験を一生懸命がんばったけど、第1志望に受からなくてがっかりさせてしまった」とか「会社のためにがんばって成果をあげようとしたけれど、ノルマを達成できなかった」とか「恋人のためにがんばって料理を作ったのに失敗してしまった」とか、だれかのためにがんばったけれどうまくいかなかった例を思い出してしまうかもしれません。

あなたが「相手を喜ばせたい」という愛が強ければ強いほど、それが失敗したときは強い罪悪感が芽生え、自責の念にとらわれます。

そして、罪悪感に苦しめられることになるのです。

しかし、改めて考えてみれば、その罪悪感は、あなたに、あなたの愛の量を教えてくれます。

だから、そこで罪悪感に向けているチャンネルを愛に切り替えることができれば、自分の愛に誇りが持てるようになると思いませんか？

「あなたは、だれのためにがんばってきたの？」という質問は、あなたの愛そのものを表しています。

そこで罪悪感に引きずられることなく、愛を選択し続けることを意識してみてください。そうして愛を感じることができたなら、罪悪感が浄化されるだけでなく、自分に自信を持つことができるようになるのです。

POINT

「あなたは、だれのためにがんばってきたの？」
この問いは、自分がだれを愛してきたのかを明確に教えてくれます。
もしそこに罪悪感があるのならば、
それくらいその人を愛していることを表しています。

自分が笑顔になれることをする

笑顔が罪悪感の沼から救い出してくれる

P166からお伝えしてきた愛とつながる3つの質問を経て、ここでは「自分を愛する」ということをお伝えしたいと思います。しかし、「もっと自分を愛しましょう」といわれても、ほとんどの方はピンときません。それは無理のないことで、「他者を愛する」ということは散々いわれるのに、「自分を愛する」ということは学校でも家庭でもめったに教えてくれないからです。

そこで私は**「自分が笑顔になれることをしよう」**という提案をしています。これは「自分を愛する」ということと同じ意味なのですが、こちらのほうが考えやすいでしょう。

とくに、罪悪感に支配されているときは、笑顔になることすら禁止します。そんな資格がないような気がしてしまうからです。だって、自分は悪いことをしたんだから笑っちゃいけない、と強く思いこんでいるのです。

だから、あえて「笑顔になれることをする」ことが、あなたを罪悪感から救い出してくれる行為になります。

はじめは葛藤が強く出るかもしれませんし、全然思いつかないかもしれません。でも、ぜひ、探し続けてみてください。「なにが好きかな。なにがあったら笑顔になれるかな。どうしたら笑えるのかな」と自分に問いかけ続けてみましょう。

また仮に答えが浮かんだとしても、罪悪感が強いと「こんなことしていいのか？」と考えますし、実際にやってみたら「やってはいけないことをやってしまった」と再び罪悪感に襲われることもあります。

しかし、**罪悪感は愛には勝てません**。そうした罪悪感を覚えつつも、自分が笑顔になれることを続けていくと、気がつけば罪悪感は消えてなくなっています。

笑顔になれる小さなことをリストアップする

さて、この「自分が笑顔になれることをする」というのは、次にあげるように小さなことでかまいません。

- チョコレートを食べる
- マンガを読む
- 好きなだけスマホゲームで遊ぶ
- お酒を飲みに行く
- 時間をつくってゆっくりお茶をする
- ゆっくりお風呂に浸かる
- 好きな映画のＤＶＤを見まくる
- 服を買いに行く
- 美味しいレストランで食事をする
- 友だちと時間を気にせずおしゃべりする
- 旅行の計画を立てる
- マッサージやエステに行く
- 髪を切りに行く
- 好きな人に会いに行く

そう、この程度のこと（?）でかまわないのです。

自分が笑顔になることは、自分を愛することだと先ほど説明しましたが、実はそれだけではありません。あなたが笑顔になれば、自然とあなたの身近な人も笑顔にしてあげることができます。あなたのしあわせを願ってくれている人たちは、あなたが罪悪感で苦しんでいる姿を見て、心を痛めています。あなたが自分を罰することをやめて笑顔を取り戻すことは、彼らを安心させ、喜ばせることにもなるのです。

つまり、あなたが笑顔になることは、自分をゆるすだけでなく、まわりの人たちを愛することにもなるのです。

そして、そのときあなたはとても気分がいいはずです。つまりこれは「自分の機嫌を自分でとる」ということでもあります。

POINT

「自分が笑顔になれることをする」は、いついかなるときも役立つエクササイズですが、それは「自分を愛する」レッスンです。そして、自分が笑顔になることで、まわりの人たちも笑顔にしてあげられることに気づくでしょう。

自分が愛されている「証拠」を集めてみる

「愛されている証拠リスト」をつくる

あなたは素直にだれかの愛が受けとれるでしょうか？　自分には愛される価値がない、なんて思いにとらわれていないでしょうか？

ここであなたに考えていただきたいことは**「あなたが愛されている証拠を探してみよう！」**です。いきなりこんな質問をされると面食らってしまうかと思いますが、ここまでのゆるしのプロセスから、あなたの中に愛があり、愛されてきたことは少し実感なさっていると思うので、あえて難しい課題を出しています。

たとえば、こんな感じです。

- 父親が自分のために仕事をがんばって、大学まで出してくれた
- 母親は学校や塾などの準備をしてくれたし、健康を考えてご飯をつくってくれた
- ある友だちは「あなたにはなんでも話せてしまう」とよく言ってくれている
- 別の友だちはいつも遊びやショッピングに誘ってくれる
- 子どものころからの親友は、なにかあると真っ先に私に相談してくれる
- 上司がよく飲みに連れて行ってくれる
- 妻が私の話をよく聞いてくれる
- 子どもたちが自分によくなついてくれている

そんな感じで探してみたら、何十個もリストができるのではないでしょうか？（ここでは例なので、主語はひとつずつ変えていますが、たとえば、母親がしてくれたことはもっとたくさん思い出せるでしょう）

このリストは1日で終わらせずに、何日もかけてつくってほしいものです。

いろんな場面で過去を思い出し、現在を見渡して、**「ああ、ここに愛があるなあ」「この人に愛されてるなあ」と証拠集めをしていきます。**

そうすると、あなたの潜在意識に「私は愛されている」「私には愛される価値が十

分ある」というメッセージが届くようになります。

その結果、あなたには「愛される自信」がついてくるのです。

もちろん、その愛はあなたの罪悪感を溶かしてくれるものに違いありませんから、愛されている証拠を集め、愛を受けとった瞬間から、罪悪感は流れていきます。

POINT

「自分が愛されている証拠リスト」を時間をかけて作りましょう。
愛されてきた実感が得られるだけでなく、
自分は愛される価値があるということが潜在意識に蓄積されて、
罪悪感から解放されます。

自分らしい人生を生きることを自分にゆるす

自分がワクワクすることを書き出す

罪悪感を癒すことと**ライフワーク**を生きるということは、実に深い関係性がありま
す。罪悪感を強く抱えたままだと「自分らしい人生を生きること（すなわちライフワークを生きること）」に許可が出ません。

それはそうですよね。**罪悪感はあなたをしあわせにしないようにふるまうわけですから、ライフワークを生きてしあわせになってしまっては困るのです。**

また、仮にライフワークを目指して自分がやりたいことをやっていても、ハードワーク、お金の問題、人間関係などのトラブルが起きてとん挫しやすいのです。そのため、ライフワークを生きるためにも罪悪感を癒しておくことが大事です。そこで私は、罪悪感を癒しながらライフワークを目指すことをよく提案しています。

ライフワークといってもそんなに壮大なプランを立てる必要はありません。「自分らしい人生を生きること」なわけですから、自分が好きなこと、ワクワクすること、やりたいことに素直になり、それを一つひとつ実現していく段階で、罪悪感と向きあっていけばいいのです。

つまり、前項で紹介した「自分が笑顔になれること」を続けていくことで、ライフワークが実現していきます。そのためにもライフワークを描くことをおすすめしています。

まず、自分が最高にしあわせな生活を送っているシーンを自由に想像します。どんな場所に住み、どんな生活をし、どんな仕事をして、だれと一緒に暮らしているのか？　そして、どんな友人、仲間たちとつきあっているのか？　など、できるだけ制限を外して想像します。

そのときのカギは「ほんと、そんな生活ができたらいいなあ!!」とワクワクしていることです。このワクワクした気持ちがなによりも大切なのです。

そして、そんな生活をノートに書き出してみます。箇条書きでもいいですし、小説のようにストーリーを書いても大丈夫です。

私は最近、「ライフワークを生きている自分が住んでいる家の間取りを書いてみて」という課題もよく出しています。窓からはどんな景色が見え、どんな空間に自分が居住しているのかを描くのにとてもよい方法です。そうして、**その世界でワクワクしながら日々を過ごしている自分を、毎日イメージしながら過ごすのです。**

「罪悪感を手放した世界」に生きる自分とは？

そうしたライフワークを生きている姿を自由にイメージすることは、言い換えると「あなたがもし罪悪感を手放せたら、どんな生活をしていますか？」という意味になります。

罪悪感は私たちがライフワークに進むことに抵抗を示しますから、逆に、自由にライフワークを描くことで、その罪悪感を手放した世界をイメージすることができるのです。これは「もし、罪悪感を手放せたらどうなると思いますか？」という質問に答えるよりも、ずっと簡単に描けるものだと思っています。

そして、あなたがその罪悪感を手放した世界を想像し、ワクワクした気持ちでいるならば、そのときあなたは、罪悪感からも自由になり、本来のあなたらしい人生をイメージできていることになります。

その結果、なにが起こるでしょう？

引き寄せの法則により、あなたは「罪悪感のない世界」に、自然と、勝手に、導かれるようになるのです。

なお、具体的なライフワークの描き方については、拙著『つい「他人軸」になるあなたが7日間で自分らしい生き方を見つける方法』（あさ出版）をご参照ください。

POINT

ワクワクした毎日を生きている「ライフワーク」をイメージすれば、しあわせになることを阻もうとする罪悪感を手放すことができるようになります。

自分らしく生きている自分をアドバイザーに指名する

イキイキとした本来の自分に助言を求める

前項のライフワークを使って罪悪感を手放す方法は、もう少し応用ができます。

これもまたあなたの想像力をフルに活用することになるのですが、まず「ライフワークを生きている自分」をイメージしてみます。

これは、具体的にライフワークが思い浮かばなくても実践できるものですね。

すなわち、やりたい仕事をし、最高のパートナーと家族と友人たちに恵まれて、豊かな生活を送っている自分を想像してみます。その自分は、毎日最高の気分で目覚め、そして、イキイキと自分がしたいことをして生きている本来の自分の姿です。

その自分を、今の自分のアドバイザーに指名するのです。

たとえば、あなたが職場で新商品のプレゼンを担当することになったとします。でも、あなたは人前で話すことがあまり得意ではない上に、その商品についても100％理解しているとはいえない状況です。そんなときに、アドバイザーに助言を求めます。

するとそのアドバイザーの自分が「大丈夫だよ！　プレゼンはひとりじゃない。同僚が味方になってくれる。彼らをもっと信頼しようよ。それに当日までに十分練習すればきっと大丈夫。ほら、大学のゼミの発表でも、君は不安ながらもちゃんとやり遂げたじゃないか！」などと語りかけてくれるでしょう。

それは自分自身の声ですから、説得力も十分あります。その声を聞くことで不思議と心は安定を取り戻し、その大切なプレゼンに臨むことができるようになっていくのです。

実はこの方法はあなたの**「ハイアーマインド」**と呼ばれる心の中の高位の自分につながる方法でもあります。

この「ハイアーマインド」は罪悪感などには惑わされない愛の塊のような存在で、「心の中にいる神様」と例えてもいい存在です。

ライフワークを生きている自分を通じてハイアーマインドにつながることで、罪悪感や、そのほかのさまざまなネガティブな感情を越えて、本来の自分らしい自分の姿を感じることができるのです。

POINT

ライフワークを生きている私（＝ハイアーマインド）をあなたのアドバイザーにしてみましょう。
罪悪感にとらわれることなく、「どうすればいいのか？」などの心の安定につながるアドバイスを受けとれるようになるでしょう。

心を浄化するイメージワークで罪悪感を手放す

自分が「毒」であるという思いを手放す

すでに紹介したように、罪悪感が積み重なると、あなたは自分に罪悪感があるとはあまり実感できないようになります。その一方で、**「自分は毒である」「自分は汚い存在だ」「自分は穢《けが》れている」**などの観念を持つようになり、愛する人から距離をとったり、自分を苦しめるような行動を無意識にとったりします。

この感覚は顕在意識よりももっと深い潜在意識に罪悪感が根づいている証拠で、わかっていてもなかなか拭い去ることができない感覚になっています。

こういうケースでは、その罪悪感のもととなったできごと（たとえば、家族やかつての恋人との関係性）を振り返り、そこで芽生えた罪悪感を手放していく方法もありますが（感謝の手紙のように）、もっと感覚的なアプローチもあります。

ここではそんな感覚に訴える方法をご紹介したいと思います。これは私がセッションやセミナーなどで使っている方法で、本来は目を瞑《つむ》ってやっていただくものですが、今回はゆっくり読み進めていただくだけで、その効果を感じていただけるように工夫してみました。

ちょっと想像してみてください。
今、あなたの頭の上のほうから、やわらかく、そして優しい、真っ白な光がふわっと降りそそいできました。

あなたはシャワーを浴びるように、その光を全身で受けとめます。
その光はとても心地よく、そして、そっとあなたの体を包みこんでいきます。
そのぬくもりや、優しい光の感触を、ただただ感じてみましょう。

しばらくすると、その光が、あなたの皮膚からスーッと体の中に染みこんできました。

また、息を吸うと、その光があなたの体の中にスーッと入ってきます。

その優しく温かい光が、だんだん、あなたの体の中に満たされていく様子を想像してみてください。

やがて、その光はあなたの体の中にある汚れをそっと吸い取り、吐く息と一緒に外に出ていきます。


また、別の光はあなたの心の中にある穢れをそっと包みこみ、あなたの足の裏から大地に流れていきます。

呼吸をするたびに、やわらかく、優しい光が体の中にとりこまれ、いらないものを吸いとっては、吐く息や足の裏から外に出ていく様子を想像してみてください。


あなたはただ呼吸を繰り返すだけで、心や体の中にある穢れが少しずつ薄まっていくのです。

(ここで一旦読むのをやめて、そのシーンを10回ほど呼吸を繰り返しながらイメージする)

あなたの体はどんどん浄化され、どんどんその光で体中が満たされていき、
あなたの体はそのやわらかい、優しい光を放ちはじめます。
すべての罪悪感が浄化され、あなたは生まれたばかりの赤ちゃんのように
美しく、優しい光を放っているのです。

このイメージワークは、いつでもどこでも活用可能です。あるクライアントさんはセッションでこのイメージワークを受けて、とても気持ちがよかったので、毎日寝る前にベッドの中でこのワークをしてくれました。

すると、それまでよりも睡眠の質が改善されて心地よい朝を迎えられるようになったばかりか、自分でもはっきりわかるくらいお肌がピカピカになってきたそうです！

「美容のためにも、これ、おすすめします！」とは彼女の提案です（笑）。

背負っている十字架を下ろすイメージワークで罪悪感を手放す

潜在意識の罪悪感を浄化する

罪悪感は、あなたの心に重たい十字架を背負わせる感情です。

その感情にとらわれている間、心はつねにどんよりと曇っていて、世界は重たい空気に支配されています。

そして、自分に罰を与えるためにその重い十字架を背負い、足枷をつけられ、先の見えない茨の道を進んでいくような気分になってしまいます。

そこで次のページから、あなたの潜在意識に深く入りこんだ罪悪感を手放す、象徴的なイメージワークをひとつご紹介します。

あなたは今、重たい十字架を背負い、
足枷の先にも重りをつけられて茨の道を歩いています。
もう長いことその道を歩き続けていたために、体は茨の棘によって傷だらけになり、その十字架や重りのせいで手足の感覚が麻痺してしまっています。
しかし、それでもあなたは「これは自分がしたことへの罰なんだ」と信じこみ、一歩一歩、ゴールの見えない道を歩き続けているのです。

そんなあなたの目の前に、まばゆい光が降りてきます。
するとそこには、慈愛に満ちた表情をたたえた、優しい女神さまが現れます。
そして、あなたの心の奥深くに届く、心地よい声が響いてきます。

「もう、あなたは十分に自分を罰しました。
もう、これ以上、自分を傷つける必要はありません。
その十字架を下ろしても大丈夫です」

しかし、あなたは抵抗します。
自分が犯した罪はまだ晴れてはいないと思いこんでいるからです。
それを察した女神さまは、一層優しい表情になってあなたに語りかけます。

「あなたはそうやってどれくらい自分を傷つけてきたか、
おわかりでしょうか。もう十分あなたは自分を罰しました。
もうあなたはゆるされているのです」

そう言うと、あなたのもとにそっと近づいてきて、両手を差し出します。
あなたはひとつ大きな息をつき、
ずっと抱えてきた十字架を女神さまに手渡します。

女神さまがその十字架に触れるや否や、それはスーッと消え、
代わりに美しい草花で編まれた花輪が、女神さまの手に現れます。
それを女神さまがそっとあなたの頭にのせて、こう伝えてくれます。

「これはゆるしの象徴。あなたが再び、十字架を背負いたくなったら、
この花輪を思い出してください」

そのとき、まばゆい光が、一瞬、あなたを包みこみます。

気がつくと、両足にくくりつけられていた足枷も重りも消えています。

それどころかボロボロだった衣服も、真新しい、着心地のよいものに変わっています。そして、体がとても軽くなっていることに気づくのです。

目の前にいた女神さまはスーッと消え、茨の道は美しい草原に変わり、みるみる晴れ間が広がり、優しく温かい太陽の光があなたを包みこみます。
そして、あなたはその軽くなった体で、
その草原に向けて新たな一歩を踏み出すのです。

自分の愛に自信を持つ

罪悪感で、愛が見えなくなる

罪悪感のほんとうの災いは、あなたから「愛」を奪うことです。自分の愛を信じられなくなり、むしろそれは、だれかを傷つける毒や刃であるかのように思いこませ、あなたがだれのことも愛せなくなるように仕向けます。だから、罪悪感にとらわれているときは、だれのことも愛せないし、だれからの愛も受けとることができません。

しかし、そうはいっても、あなたの中から愛がなくなったわけではなく、ただ罪悪感によって覆い隠されて、見えないだけなのです。

だから私は、そういう方とお話をするときは、その人の中にある「愛」を見つけようとします。**「そこに愛があるならば」という見方をすることで、いとも簡単に愛の存在を確認することができるのです。**

しかしそれを、罪悪感にとらわれている自分自身で行うのはなかなか難しいもの。ここからいくつかの事例をご紹介しますから、「自分の中にもそんな愛があるのかな？」という目でお読みいただけたら幸いです。

ハードワークにハマる男性の罪悪感の例

ある男性は、仕事がとても忙しく、残業の日々で、かつ土日も出勤することが多い生活をしていました。いわゆるハードワークの罠にハマってしまっていたんですね。奥さんは、ひとりですべてをこなさなくてはならないワンオペ育児。いつもいっぱいいっぱいで、仕事を理由に家を空ける彼を日ごろから責めていました。だから、彼はいつも「妻にたくさん苦労をかけて申し訳ない」という罪の意識を持っていました。そもそもハードワークにハマるのは、もともとの彼の罪悪感が強かったからでもあるのですが、それ以上に奥さんへの罪悪感にさいなまれていたのです。

でも、なぜ彼は、そんなにも仕事をがんばるのでしょう？

だれのために会社に行き、ヘトヘトになるまで働いているのでしょう？

そう、愛する家族のためですね。なかなか給与が上がらない今の時代において、彼は会社の期待に応え続けることで、家族を救おうとしていたのでした。だから彼には、家族への愛がほんとうにたくさんあるのです。

そのようなことから、彼にはこんな意地悪な質問をしました。

「会社と家族とどっちが大事ですか？」

彼は即答で「そりゃあ、家族ですよ」と答えてくれました。それに続いて「でも、家族のためにはこれくらい仕事をしないと……」とおっしゃっていたので、「思い切って会社をサボり、1日奥さんを自由にしてあげたらどうでしょう？　1日くらいなんとでもなりますよね？」と提案しました。

そこで彼は、早速そのセッションの翌日に有給をとり、奥さんに「いつもありがとう。今日は子どもの面倒は僕が見るから、買い物にでも行っておいで」と提案したのです。彼ははじめは勝手がわからずドギマギしたそうですが、やがて子どものかわいさにとりこまれ、一緒にいることで深いしあわせを感じられました。

もちろん、奥さんは久しぶりの外出を大いに喜び、彼に感謝しました。そしてその晩、彼は一番大切なのは家族なんだと確信し、転職活動をはじめることにしたのです。

「母親失格」と感じる女性の罪悪感の例

ある女性は、いつも娘につらく当たってしまうことに罪悪感を強く覚えていました。母親失格だし、愛情のない人間だといつも自分を責めていて、しまいには娘の顔を見るだけで自分を責めるようになり、娘の前で笑うことができなくなりました。

彼女の生い立ちを聞いてみると、子どものころから、あまり親に愛された記憶がありませんでした。親が共働きで家を留守にすることが多かったので、自分の子どもにはそんな思いをさせたくないと、娘さんが生まれてからは専業主婦になったのです。それなのに、思いどおりにいかない育児にストレスを抱え、娘さんに当たってしまうわけですから、その罪悪感は想像に余りあるものでした。

でも、そもそも彼女は「自分の子どもには寂しい思いをさせたくない」と思って今の生活を選んだんです。娘さんにつらく当たるのも、自分がよい母親になろうとがんばりすぎたせいではないでしょうか？　愛からの行動がいきすぎて、罪悪感を抱えるほどになったのです。

私は、彼女には今も娘さんへの愛がしっかりあることを伝え、そして、がんばりすぎていることが原因だから、もう少し肩の力を抜いて**「ダメな母親でいること」**を許

可してみたらどうでしょう？と提案しました。気がつけば彼女は、毎日旦那さんの分も含めて3食きちんと料理をし、子どもの健康を考えて部屋の床を水拭きし、さらには子ども服は全部手洗いしていたのです。それをある日やめることにして、できることだけをやるようにしてみたのでした。

初めのうちは「こんなことでいいのかしら？」と不安になったそうですが、家事に気をとられる時間が減った分、娘さんと遊ぶ時間も増えて笑顔をとりもどしました。

「私は自分のような思いをさせたくないと専業主婦になりましたが、家事に気をとられていて、結局娘をひとりで放っておく時間が多かったことに気づいたんです。娘と一緒にいるのは楽しいし、しあわせだし、なによりも娘がうれしそうな笑顔をたくさん見せてくれるようになりました。以前は幼いのに私に気を使うようになっていて、それも罪悪感になっていたのです」と教えてくれました。

POINT

「なにがいけないのか？」「だれが悪いのか？」をやめて、「そこに愛があるとしたら？」という見方をすると、一見ネガティブに見える言動の裏に、愛を見ることができます。

自分で自分を受け入れ、理解し、ゆるす

「こんな私はしあわせになっていいのでしょうか？」

ここで紹介する事例は、人によってはカチンときたり、理解できなかったりすることがあるかもしれません。中には正しさを主張したくなる方もいらっしゃるかもしれませんが、私たちカウンセラーは「正しい／間違っている」という議論はあまり行いません。罪悪感をとりのぞき、少しでも楽になることを目指します。

この項では「ゆるし」というものの本質に触れるのに、ふさわしいと思われるものをご紹介します。

「罪を憎んで人を憎まず」という思いを汲みとっていただけましたら幸いです。

あるとき、私のもとに一度離婚を経験された女性がセッションにお越しになりまし

た。離婚の原因は自分の浮気で、それを旦那さんにとがめられたことが発端でした。話を聞くと、彼女の両親も、彼女が幼いころに離婚していて、彼女は女手ひとりで育てられました。母親は昼も夜も必死に働いて彼女を育ててくれたのですが、家にはだれもいない時間が長く、ずっと寂しい思いをしながら大人になっていました。

そして、20歳のころに10歳年上の彼と結婚したのですが、その彼は出張が多く、仕事が忙しい人でした。なかなか子どもができず、彼女は仕事から帰ってくると、ひとりで夜を過ごしていました。彼に寂しさを訴えても「仕事なんだから仕方ないだろ？我慢しろ」と言われるだけで、心はまったく満たされなかったのです。

そんなときに自分に優しくしてくれる男性と出会い、急激に心が惹かれていきました。男女の関係になるのにそれほど時間はかかりませんでした。しかし、その彼も家庭がある人で、やはり寂しい思いを彼女はすることになります。

彼女は自分がしてしまったこと、していることに対して、大きな罪悪感を抱いていました。

「こんな私はしあわせになっていいのでしょうか？」と問いかけます。おそらく、自分自身にも何度も何度も問いかけていることでしょう。

「その寂しさゆえに浮気に走ってしまったとするならば、そこに罪はないんじゃないでしょうか？」と私は言いました。彼女のしたことは、旦那さんを裏切ることだったかもしれませんが、そうせざるを得ない事情が十分あるように思えるのです。つまり、そうならざるを得なかっただけなのです。

彼女はホッと息をつき、「すぐにはその言葉は受けとれませんが、なぜか心がスーッと軽くなりました」と言ってくださいました。そして、私はその寂しさの原因となる、子ども時代の話をうかがうことにしました。

「そうせざるを得なくて、そうなってしまうことだってある」

幼い子どもが夜、ひとりでお母さんを待つのはどんな気持ちだったでしょうか？

雷が鳴ったり、強い風が吹いて窓がガタガタという日は、どんな思いで過ごしたのでしょう？

ご飯は用意されていましたが、毎晩ひとりで食べるご飯は、どんな味がしたでしょうか？

そして、お母さんが帰ってくるのをただただ待つのは、どんな気持ちだったでしょう？

彼女は大人になって結婚してからも、子ども時代と同じ体験を繰り返します。もしかすると、子ども時代のあの寂しさを、旦那さんを待ちながら思い出す日もあったかもしれません。もちろん大人ですから、子どものころとは感じ方は違うでしょう。しかし、家族で仲よく道を歩いている姿を見たり、ほかの家の明るい窓を見たりしたときに、もしかしたら胸が締めつけられるような思いをしていたのかもしれません。

そんなときに、自分に寄り添ってくれる人が現れたとしたら、いけないこととわかっていても、やめられるものではないんじゃないかと、私は思うのです。

罪悪感を扱うときは、**「なぜ、そうせざるを得なかったのか？」**という意識で見ることをおすすめしています。

心の世界には法律も倫理も社会性もなく、ただ「そういう感情がある」のみだからです。

つまり、**正しい／間違ってる、よい／悪い、という基準で判断しなくてもよいのです。なぜならば、その基準は「思考」の中にあるもので、「心」の中にはないからです。**

そうすると、社会的にタブーであるとされていることに対しても「理解」できることが現れます。

「そうせざるを得なくて、そうなってしまった」とするならば、そんな自分を責めることができるでしょうか？

「よい／悪い」ではなくそのままを受けとめる

こうしたアプローチは**「受容と理解」**といいます。

彼女の話をただ受け入れようとし（受容）、なぜ、彼女がそうせざるを得なかったのかを「理解」しようとする姿勢が役立ちます。

この「理解」とは、理性的、論理的に理解するのではなく、「感情的」に理解することがポイントです。つまり、彼女と同じ心理状態ならば、よくないことと頭でわかっていても、だれでも同じようなことをしてしまうのではないだろうか？　という思いに至ることです。

この**「受容と理解」は「ゆるし」を語る上で、とても大切なものです。**

多くの人は表面的な行動や態度によって、それを「よい／悪い」で判断したくなります。しかし、その行動の裏側にはそうせざるを得ない事情が隠れていることも決し

てめずらしくありません。

そうして、自分がしてしまったことを受け入れ、理解することで、自分をゆるすことが可能になるのです。

POINT

物事を善悪・正誤でとらえるのは思考的なもの。

心（感情）に目を向ければ、「そうならざるを得ない事情」が見えてくるものです。それを理解することができれば自分を「ゆるす」こともできるのです。

STEP 3

罪悪感から
解放された
「ゆるし」の事例

夫の浮気問題を「理解」して、ゆるす

「俺は悪くない。おまえのせいだ」

旦那さんが浮気をしているという、ある奥様とのセッションの事例をご紹介します。

結婚して8年目の女性が、旦那さんの浮気問題でカウンセリングルームにお越しになりました。半年ほど前に旦那さんの浮気が発覚したときは、目の前が真っ暗になり、気がつけば、旦那さんにつめ寄って散々責めていました。

彼は渋々浮気を認めましたが、「そもそもおまえのせいだ。おまえがいつも俺に感情をぶつけてきて、家に居場所なんてなかった！　結婚してからずっと俺は我慢ばかりしておまえに合わせてきたんだ！」と開き直って主張しはじめたのです。

その言葉に衝撃を受けた彼女は、それでも旦那さんとの関係をなんとかしたいと思い、いろんなサイトを探し、その中で私のブログを見つけてくださったのでした。いろんなカウンセラーさんのブログを読む中で「浮気した夫を責めると、罪悪感を刺激することになるので、余計に奥さんのもとに帰ってこない」という記述をたくさん見つけたそうです。それで彼女は、彼を責めたくなる気持ちをおさえ、なんとかいい奥さんになって彼の気持ちをとりもどそうとがんばっていました。

しかし、**旦那さんはその後も浮気をやめる気配はなく、いつもイライラして「俺は悪くない。おまえのせいだ」という態度をとり続けていました。**彼女はそんな生活にもだんだん疲れてしまっていました。

わかっているのにやめられないこと

彼女は「彼は罪悪感なんて感じているのでしょうか？　全然そんなふうには見えないのですが」と疑問を持たれていました。この本を通読されてきたみなさんなら、そうではないことは、もうおわかりですよね？

私はSTEP1の③「罪悪感が強いほど『正しさ』にこだわる」（P71参照）でご紹介したお話を彼女に伝えました。

罪悪感があるからこそ、正しさを主張するし、奥さんのせいだと言う、という話に、にわかには信じがたい、という表情をされていましたが、いろいろと事例をご紹介するうちに、だんだん理解されたようです。

彼女は「どうして悪いってわかっているのにやめられないのでしょうか？」と質問をされました。

そこで私は「奥さんは、**やめなきゃ、と思っているのにやめられないことってなにかありますか？**」と逆に質問してみたのです。そうすると「実は、以前から夜お風呂上がりにアイスやお菓子を食べることが癖になってしまって、なかなかやめられないんですけど、それは答えになってますか？」と。

そこで私は「ええ、十分です。全然レベルは違うと思うのですが、それと似たような心理だと思っていいかもしれません。なぜ、アイスやお菓子がやめられないんだと思いますか？」とお聞きしました。彼女は「うーん……」としばらく考えたのち、「ストレス……でしょうか。なんか嫌なことがあったり、イライラしていたりするときに、よく食べていると思います」と答えてくれました。

彼のストレスを無視して放ったひと言

「じゃあ、ご主人にもストレスがあったのかもしれませんね。なんのストレスかわかりますか？」と質問してみました。

「このところずっと仕事が大変だと言っていました。同僚が何人かやめたのに人の補充がなく、1年前に昇進したのですが、責任は増えるものの給料はほとんど増えず、それが不満だとこぼしていました。そんなに残業が多いわけではないと思うのですが、休日に突然会社から呼び出されて出社することもあり、仕事のストレスはとても多かったかと思います」

そう言うと、彼女は「ああ、そうですね。私、そんな彼のこと、全然受けとめてあげられなかったと思います。私も子育てで全然余裕がなくて、仕事から帰ってきたら子どもの世話をお願いしたり、家事を手伝ってもらったりしていました。私は子どもを寝かしつけているときに一緒に寝てしまうことが多くて、全然彼の話を聞いてあげていなかったんだと思います」と、ため息まじりにそうおっしゃいました。

そして「そういえば、浮気が発覚する少し前だったでしょうか。めずらしく泥酔して帰ってきたことがあったんです。私はちょうど子どもを寝かしつけている最中だったのでイラッとしてしまい、『せっかく子どもが寝そうなときになんなのよ！　帰ってこないでよ！』って彼を追い出してしまったのです。そういえば、そのとき、彼はとても寂しそうな目をしていました。私が悪かったんですね」と話してくれたのでした。

心理学では**「パートナーは同じ感情で苦しむ」**という考え方があります。それぞれきっかけや感じ方は違うものの、夫が寂しいときは、妻もまた寂しく、夫が罪悪感で苦しんでいるときは、妻もまた罪悪感を覚えているのです。

同じ感情で苦しむ夫婦

「おふたりは同じ感情で苦しんでいらっしゃるんですよ」と私は伝えました。

そして、**「奥さんは全然悪くないです。**子育てはほんとうに大変ですから。よくがんばっていらっしゃったと思います。だから、そこには全く罪はないと思います。ご主人も、そんな奥さんのために、がんばって協力してくれようとしていたんじゃないでしょうか？　でも、**自分も仕事が忙しいし、奥さんの力にはなれなくて罪悪感を覚えていたのかもしれません。**そして、気がつけば夫婦の間には望んでいない溝ができてしまったんですね。あの日、奥さんがご主人を追い出したことはほんの一端で、そのことがなかったとしても、きっとなんらかの形でこういうトラブルになっていたんだと思うのです」とお話ししました。

するると彼女は「じゃあ、主人もきっとその女性のところに行かざるを得なかったんですね。たしかに、仕事で疲れて帰ってきて、子どもや私の相手をして、一時も気の休まる暇なんてなかったんだろうと思います。そんなときにだれかに優しくされたら、そっちに飛んでいってしまいますよね。素直には認めたくないですけど、主人は主人で苦しんでいたのかもしれませんね」と、だんだん旦那さんのことを理解されるようになりました。

「彼は今も苦しんでいらっしゃると思います。彼も大人だから自分がしていることはわかっていますよね。しかも、それだけ優しいご主人ですから、**奥さんを苦しめていることはわかっていて、それでまた苦しんでいるんだと思います。**でも、わかりますか？ **お互い、愛しあっているから、こんなに苦しいんですよ。**もし、奥さんにご主人への愛情がなければ、とっくに慰謝料を請求して離婚していたでしょう。また、ご主人も奥さんやお子さんを愛する気持ちがなければ、とっととその女性のところに行って離婚しようとするでしょう」

そう伝えると、奥さんはハッとされました。

「ほんとうに主人は、今でも私のことを愛してくれているんでしょうか？　もう何年も苦しめた妻なのに」

「ご主人の態度をお聞きすると、罪悪感がたっぷりありますよね？　罪悪感があるということは、それだけ愛もある、と私は考えているんです。自分の愛もそうですが、彼の中にもまだ愛情があると信じてみませんか？」

愛しているから、いつまでも待つ

彼女は「肩の力が抜けました」と言ってセッションルームを後にされました。

その後、彼女はSNSのメッセンジャーで旦那さんへ謝罪し、愛情を伝えました。

「あなたのしたことはすぐにはゆるせないけれど、でも、いろいろ考えてあなたの気持ちは理解できたような気がする。私はあなたのことを愛しているから、いつまでも待ちたいと思います」とつけ加えました。

旦那さんからの返信は**「ごめん。ありがとう」**だけでしたが、ちょっとホッとしたようです。そして、それからは彼に対してできるだけ笑顔で接するようにしたそうです。はじめは彼も戸惑ったようで、無視されたことも多かったのですが、だんだん彼もあいさつをしてくれるようになり、笑顔がちらほら増えてきました。

そして、あるとき「いろいろと心配かけてごめん。ほんとうに君を傷つけて申し訳なかった」と頭を下げられました。

実は彼女が私のセッションを受けたちょうどそのころに、旦那さんは浮気相手に「やはり妻とは離婚できない」と別れを告げていたそうです。

POINT

パートナーは、そうと知らずに同じ感情で苦しむもの。
お互いに罪悪感を抱えていたら、
それぞれが自分を罰し続けるために、苦しい状況が続きます。
そんなときに「理解」というゆるしを使うと
関係性は好転しはじめることが多いのです。

父の愛をようやく受けとり、がんばりが報われる

なぜ、過酷で全く報われない生活を続けてしまうのか

初めてその男性と会ったとき、あまりに顔が青白く、生気がなかったので、思わず「え？　お化け⁇」と思ってしまったことを今でも覚えています。彼は私立中学校の教師として、とても誠実に、かつ、一生懸命、生徒に接しているにもかかわらず、全く報われない生活を送っている方でした。

ある年は、一番問題児が集まるクラスの担任として、授業だけでなく放課後も生徒たちのケアに当たらなければなりませんでした。また、経験がないにもかかわらずサッカー部の顧問を務め、土日も朝から練習を見る立場でした。しかも、当初は専属のコーチを雇っていたのですが、彼が顧問になって半年後にそのコーチが辞めることとなり、彼自ら生徒たちを教えていたのです。

初めてお会いしたのは、ちょうど年度末も近いころでしたので、彼は「4月になれば少しはましな環境になると思います。これ以上、悪くなることはないと思います」と語っていました。しかし彼が2ヵ月後に再びセッションルームを訪れたときは、さらに疲れた表情をして「私の読みが甘かったみたいです」と苦笑していました。

サッカー部は新しいコーチが来ることになり、彼の負担は少し楽になったのですが、よかったのはそれくらい。それまで彼のよき相談相手だった学年主任の先生が系列校に突然異動になり、彼が学年主任を務めることになったのです。

また、問題児だらけのクラスは、そのまま持ち上がりで彼が再び担任を務めることになり、3年生であることから、彼が卒業後の進路を考えなければなりません。

さらに、少子化により、中堅校である彼の学校は生徒集めに苦労しており、サッカー部の顧問の仕事を終えたのち、各地の学習塾を巡って、学校の紹介をして回る生活が、新たにはじまっていたのでした。

彼はそのとき「年々、状況は過酷になっていて、体がもっているのが不思議なくらいです」とおっしゃっていました。

父親の期待に応えられない自分を責める

そこで、彼の生い立ちをうかがうことにしました。

彼は3人兄弟の長男として生まれ、彼と同じ教師である父親に、厳しく育てられました。母親はやるべきことはやってくれましたが、愛情の薄い人で、自分の趣味の世界に没頭していて、とても気を使う毎日だったようです。そんな環境ですから、**彼は必然的に「いい子」になって弟たちの面倒を見、学校では「優等生」として毎年学級委員を務めるような模範的な子として育ちました。**

しかし、学校でどれだけ評価されても、父親は彼のことを決して認めませんでした。すべてのテストを細かくチェックする父親で、90点をとったときも「なんで100点がとれないんだ！」と彼を叱り、100点をとったときには「今回はたまたま簡単だったんだろう？　調子に乗るな！」と彼を否定してばかりいました。母親は、父親がそんなふうに彼に厳しく当たっているときも、我関せずといった様子で、かばってくれることなどありませんでした。

しかもその父親も、なぜか弟たちには甘く、弟たちはテストの点数が低くても、怒られることはなかったといいます。

そんな中で、**彼はだんだん自分の存在を否定的にとらえるようになっていったのでした。**

「自分ばかり否定されるのは、自分がそれだけダメな存在だからだ」と思い、「自分が認められるためには、もっともっとがんばらなければならない」と考えるようになったのです。そのがんばりのおかげで、彼は一流といわれる大学に合格します。

「うちは金がないから国公立以外には行かせられない」という父親の言葉どおり、だれもが知っている国立大学に通うことになったのです。

しかし、彼はある種の燃え尽き症候群になり、大学では落ちこぼれてしまいます。

父親は、彼が弁護士か国家公務員になることを期待していたのですが、彼はなんとか教員免許を取得し、就職活動にも苦労した上で、今の学校に職を見つけることになります。

もちろん父親は、「いい大学に入ったと思ったらこのざまだ。おまえは失敗作なんだ」ということを彼に言ったそうです。そのころ、彼の弟たちは、彼よりも偏差値のずっと低い高校や私立大学に入学していたのですが、父親は彼らには全く苦言を呈していません。

それを不公平だと感じながらも、彼はその事実を「自分が悪いからだ。自分がお父さんの期待に応えられなかったせいだ」と自分を責めることで受けとめていたのです。

罪悪感から、すべての問題を自作自演してしまう

彼の話を聞きながら、私はとてもいたたまれない気持ちになってきました。これだけがんばっていて成果も残しているのに全然認められない彼に、思わず同情してしまい、彼を責める父親や、彼を放っておいている母親に怒りを覚えました。

しかし、そのことを彼に伝えても、彼は「いや、その気持ちはありがたいのですが、全部私が悪いんです。私のために父親は苦労をして学費を稼いでくれましたし、母親もちゃんと私たちを育ててくれました。その期待に応えられなかった私が悪いんです」とぼそぼそとつぶやくだけです。

なんていい人なんだろう!!　と私は思わざるを得ませんでした。

この話を聞いて、彼が罪悪感という感情によって、ずっと自分を責め続けているということが理解できるでしょうか？　その罪悪感ゆえに、彼はひたすら父親の叱責に

耐え、母親の冷たい視線を受けとめて育ってきました。そして、その感情ゆえに、毎年過酷な状況に身を置き続けているのです。

「すべての問題は自作自演」です。

そして、「起きていることはすべて必然」と私は考えています。

彼は父親が期待するだけの成果を残せない自分に対して、罪悪感を覚えました。そして父親が彼を叱責するたびに「自分が悪い、自分のせいだ」という罪悪感を強めていきます。

また、母親が彼に冷たく接するたびに「自分がいい子ではないから、母親は自分を愛してくれないんだ」というさらなる罪悪感を抱えることになりました。

客観的に見れば、彼を被害者に仕立てることは簡単でしょう。彼の両親がおかしいのであって、彼はおかしくないと擁護することも可能でしょう。

しかし、**主体的にこの問題を見つめたときに、彼が自らの罪悪感によって、今の過酷な状況を招いている、という見方をするほうが、より解決の見こみが高いと私は見たのです。**

「もう、しんどい。もう、がんばりたくない」と声に出せない……

そこで私は彼にこんな質問をしてみました。

「あなたはなぜ、そんなにもがんばることができるのでしょうか？　だれのためにそんなにもがんばってきたのでしょうか？」

彼は頭の回転の速い人ですから、すぐにこう答えてくれました。

「それは私を必要としてくれる生徒や先生方のためです。問題児ばかりのクラスで苦労はたくさんありますが、その分、やりがいがあるともいえます。そんなクラスを任せてくれるわけですから、学校は私に期待してくれているということです。それは父親も同じです。私のことを見こんでくれたからこそ、私に厳しく接してくれたんだと思います」

とても優等生的な答えだな、と私は感じました。

うがった見方かもしれませんが、彼はそういうふうに〝考える〟ことで、自分の境遇を前向きに受けとめようとしてきたのです。

でも、私は彼の表情や雰囲気を見て、それは「考えていること」であって、「本心ではない」と確信していました。もし、彼が父親や学校の期待に応えることが喜びであるならば、もっとイキイキとしていて、はつらつと今の状況を楽しんでいると思うからです。

しかし、彼はその真逆の様子で私の前に座っていました。私が幽霊かと見紛うほどの表情のなさ、そして、十字架を背負ったような重たい体。とても今の状況を前向きにとらえられているようには思えません。

むしろ、今のしんどい状況をなんとか前向きに考えようとがんばっているにもかかわらず、それが叶わないように見えたのです。

そして、その彼が背中に背負っている十字架は、罪悪感そのものであり、それをなんとかして下ろしてあげることが、私にできることだと考えました。

彼のその言葉を受けて、私はあえてこんなお願いをしました。

「**『もう、しんどい。もう、がんばりたくない』**と声に出して言ってもらえませんか？」と。

彼は「え？」と不思議そうな表情を見せましたが、私が言うとおりの言葉を言おうとしてくれました。

ところが、いざその言葉を言おうとすると、なぜか声が出てきません。「あれ？」という表情をしながら、彼は**「もう、、し、、ん、、ど、、」**と言いかけて、「言えません」と首を振るのです。

彼は子どものころから、弱音を吐くことをずっと禁止してきました。自分がつらくても、苦しくても、それを認めることができなかったのです。

なぜかといえば、それを認めてしまったら、がんばれなくなってしまうから。

彼にとって「がんばることができない」ということは、父親から永遠に認めてもらえないことを意味します。

彼は父親から「よくやった」と言われることを目指してずっとがんばってきたのです。だから、その言葉が得られないうちは、がんばることをやめることはできないし、成果を出し続けるしかないと思いこんでいたのです。

私は辛抱強く待つことにしました。

「時間はまだたっぷりあります。その言葉を一度、声に出して言ってもらえませんか？　棒読みでも全然かまいませんから」

彼はうなずきながら、まるで英単語を復唱するように「もう、、、し、、、ん、、ど、、い、、」とつぶやいていました。しどろもどろならば声になるのですが、会話するような言葉を発しようとすると、喉がつまって声になりません。それくらい彼はその気持ちを抑圧してきたのです。罪悪感がゆえに。

10分、15分が過ぎていきました。

セッションが終わる時間が近づいていましたが、そのことには触れず、私は待ち続けました。

すると、彼は意を決したように姿勢を改め、お腹に力を入れて**「もう、しんどい！もうがんばりたくない！」**という声をあげてくれました。それは、ほとんど叫び声に近いものでした。

すると彼の目から大粒の涙があふれ、「うわーっ！」という声とともに嗚咽を漏らしはじめました。

いい人の彼は「すいません、すいません」と言いながら、長い間泣き続けました。それは幼いころからずっとためていた感情が解放された瞬間でした。

しばらく経ったころ、彼は呆然とした表情をして私の顔を見つめていました。その顔は赤らんでいて、目には力が宿っていました。長い年月、ためこんでいた感情が、この時間のうちにだいぶ解放された証でした。

「大丈夫ですよ。気分はどうでしょうか？　少しは体が軽くなったんじゃないでしょうか？」

私がそう聞くと、彼は「ええ、なにが起きたのでしょうか？　たしかに肩や背中がとても軽いです」と答えてくれたのです。

素直に愛を示せなかった父の愛に気づく

そこで私は彼に、さらにもうひとつの質問を投げかけました。

「あなたのお父さんは、とても厳しくあなたに接してきましたよね。いつもあなたはお父さんに認められたいという一心でがんばってきましたよね。そんなお父さんがあなたのことを認めてくれたり、ほめてくれたりしたことはありませんでしたか？」と。

おそらく今までの彼だったら、即座に「ありません」と答えていたでしょう。しかし、今の彼なら違う答えを見つけるはずだと、私は直感していました。

彼は再びうつむいて、しばらく「うーん……」と考えこんだのち、ハッと顔をあげて、こんな話をしてくれました。

「私が卒業した大学は、父親が一番行きたかった大学なんです。私が大学に合格した日、そのことを父親に報告すると、いつもの調子で『俺の時代とは違って今の時代は入りやすいからな。運よく合格しただけだろう。そんなことで調子に乗るな』と言われたんです。でも、その日の夕食に私の好きなハンバーグを、母親が作ってくれたんです。たぶん、父が母にお願いしたんだと思います。料理があまり好きではない母親は、ハンバーグのような手間のかかる料理はあまり作ってくれなかったので。その日は『お祝いだ』と喜んだことを今も覚えています。もちろん、両親から『おめでとう』なんて言葉はありませんでしたが、なんとなく父親の機嫌がよかったように見えました」

そんな話をしてくれると、彼はまた目頭を押さえてうつむいてしまいました。そして、再び嗚咽を漏らしはじめたのです。

彼は今まで父親に認められたい一心でがんばってきました。

今の仕事に就いたあとも、学校から認められるためにひたすらがんばってきました。認められない自分はダメなんだ、と自分に鞭を入れつつ、ずっとがんばってきたのです。罪悪感につねに苦しめられてきたのです。

しかし、今、彼は父親の愛情を受けとることができました。

父親はそんな態度をとり続けながらも、心の中で息子を愛し、息子を応援していたのです。そのことに彼は気づいたのでした。

「あなたのお父さんはとても不器用な人なんですよね。素直に愛を示せない人なのでしょう。でも、それはあなたを愛していなかったわけではなく、愛情表現を知らなかっただけなのかもしれません。そのハンバーグ、とても美味しかったでしょう？そういう形でしか、あなたのお父さんはあなたのことを認めることができなかったのかもしれませんね」

私がそう言うと、彼はうつむきながら何度もウンウンとうなずいていました。

彼の罪悪感が、お父さんからの愛を受けとることで癒された瞬間でした。

彼は顔をあげると、今までとは打って変わって生気溢れる顔で「実はハンバーグは今でも大好物なんですが、あまりハンバーグを注文したことってないんです。友だちとファミレスに行ったときも、私はあえて別のメニューをオーダーしてしまっていました。それくらい特別なものだったんですね」と語ってくれました。

彼は意識していませんでしたが、彼にとってハンバーグとは「父親に認められた証拠」になっていたのです。

私は「じゃあ、今日は帰りにとびきりのハンバーグを食べて帰ってくださいね」と伝えました。

彼は初めて笑顔で「もちろん、そうします。ここに来る途中に、美味しそうな店を見つけていたので、そこに寄ってお祝いしてきます！」と言って、セッションルームを後にされたのでした。

POINT

「認められないのは、自分のがんばりが足りないからだ」と思いこむと、ずっと自分を罰し続ける状況をつくりだします。
しかし、素直に自分の気持ちを認めると「愛」を受けとることができるようになり、それまでにがんばりが報われることになります。

「自分はしあわせになってはいけない」という思いこみを手放す

愛されているのに相手を傷つけ続けて別れを選んだ女性

ある女性の恋愛相談のケースです。

彼女は「こんな私はもうしあわせになっちゃいけないような気がするんです」と開口一番に言いました。どういうことか聞くと、こんな話をしてくださいました。

彼女には4年つきあっていた彼氏がいて、結婚も約束していたのですが、数ヵ月前に彼女から別れを告げました。「すごくいい人で、優しくて、なんでも受けとめてくれた人なのに、彼をひどく傷つけてしまったのです。そんな私はしあわせになっちゃいけないんです」と罪悪感を抱えているのです。

さらに話を聞いてみると、罪悪感を覚える原因は、それまでの関係性においてもいろいろあったそうです。

優しくていい人である彼に甘えて、何度も感情をぶつけてしまったこと。

彼がせっかく用意してくれたプレゼントを目の前で捨ててしまったこと。

デートを自分の気分で何度もドタキャンしたこと。

会いたくなったら仕事中でも呼び出したこと。

彼が作ってくれた料理に、箸をつけることもせずにダメ出ししたこと。

つきあいはじめのころは、彼に内緒で何度も元カレに会っていたこと。

彼が海外出張中に男遊びをしていたこと。

そして、結婚を約束し、彼の両親にもあいさつに行ったのに、自分からそれを壊してしまったこと。


彼女の「懺悔」は際限なく続きました。

そして、**「彼がしあわせになるまでは、私はしあわせになっちゃいけない」と思いこむようになったのです。**

そんな彼女に、ふと思ったことを私は聞いてみました。

「でも、あなたとは相性が合わなかったんじゃない？　けっこう退屈だったんじゃないの？」と聞いてみました。

「えっ？　ええ、まあ。たしかに彼は優しいけれど、大人しくてあまり自分を主張する人じゃないので、デートやなにかするときはいつも私が決めていました。もっと引っ張ってくれたらいいのにっていつも不満に思ってました」

「じゃあ、しょうがないよね〜(笑)」と私は笑顔で伝えたのでした。

彼女のしたことは、たしかにひどいことかもしれないし、私だってそうされるのは嫌です。しかし、「そういうことをしてしまうには、それなりの事情があるんだろう」という考えもあります。だから、「なぜそんな態度になってしまったのか」を解き明かしてみたいと思いました。

単に相性が悪いわけではなく、なにかもっと大きな原因があると思ったからです。

母の呪縛を逃れたあとも ダメンズたちと交際する

彼女の両親はずっと不仲で、いつもケンカしていました。お金のこと、仕事のこと、家のことで、お母さんはなにかとお父さんの文句を言っていて、お父さんはそれに耐えかねて、キレて暴れるような日々でした。それだからか、お父さんが家に帰ってこない日も多く、長女の彼女は、いつもお母さんの愚痴を聞いて育ってきたのです。その愚痴はお父さんだけでなく、お姑さんや近所のおばさんまで、いろんな人の悪口も含まれていました。

そして、機嫌が悪い日には「あんたたちさえいなきゃ、私はとっくに離婚できていたのに」とまで言いました。その言葉に彼女が深く傷ついたことは想像に難くありません。

しかし、彼女はそんなお母さんを支えようと一生懸命励まし、笑顔を見せ、気丈にふるまってきました。**お母さんに心配をかけないように、ずっといい子をしてきたんですね。**とはいえ、そういう毎日は苦しかったので、そのころの彼女は「早く家を出たい。手に職を就けて早く自立したい」と願うようになりました。

地元の高校に進むと、彼女の反抗期はそこから急に激しくなります。**お母さんが彼女の服装や行動にあれこれと干渉してくるようになったのです。**ちょっと短いスカートをはくと「まだ子どものくせに色気づいてきて。男でもできたのかしら？」と嫌味を言ってきたり、ちょっと学校からの帰りが遅いと「どこで遊んできたんだか。不良少女か」などと文句を言われたり。だんだん彼女も言い返すようになり、お母さんとケンカばかりするようになりました。

それに伴って学校の授業についていけなくなり、サボりがちになります。その間も「早く家を出たい」という思いが強かったので、彼女は実家から離れたところで看護師を目指して勉強していました。そしてようやくお母さんの呪縛から逃れられたことに安堵していました。

しかし、彼女がつきあう男性はダメンズや遊び人ばかりで、今度はお母さんの代わりに彼氏たちに振り回される日々だったと言います。中には彼女に暴力を振るうような男性もいたそうです。

そして、彼女が看護師になって何年かしたころ、中学時代の同級生である彼と再会し、おつきあいが始まったのです。

彼の愛情をついテストしてしまう

彼女の人生を聞いていると、さまざまなことがわかってきます。

彼女は仲の悪い両親をなんとか取り持とうとがんばってきたんです。聞き役にまわってお母さんを助けようとしたこともそのひとつ。

でも、お母さんは笑顔になるどころか、いつまでも人の悪口や不満ばかりを言っていました。そこで彼女は「私ではお母さんを助けられない」という無力感をたくさん抱えるようになります。この無力感は罪悪感のひとつと考えていいものです。

そして、「あんたたちがいなければ……」というお母さんの言葉。本心ではないと思いますが、深く傷つきますよね。

自分の存在そのものを否定する言葉は、「生まれてきちゃいけなかったの？」という悲しみや寂しさと同時に、自分の存在に罪悪感を覚えてしまいます。

「私なんていないほうがいいんだ。私なんて愛されるわけがないんだ」

そんな思いが、彼女の心に刻まれるようになるのです。

私たちは成長とともに、そうした「観念」と呼ばれるものを持つようになります。それは「自分はこういう存在なんだ」という思いこみであり、「こういうふうにすれば傷つかない」という自分に課したルールでもあります。

彼女は数々の罪悪感を抱えながら、「私は愛されるわけがない」という観念を強く持つようになりました。そして、彼女はそれに従って「私を愛してくれない人たち」ばかりと接するようになります。それが問題児ばかりが連なるかつての彼氏たちです。

問題ばかり起こして彼女に頼ってくるダメンズや、調子のいいことばかり言ってほかの女性とも遊びまわる人だったり、暴言をはいたり暴力を振るう人だったり。彼女はなけなしの貯金をはたいて彼氏の借金を返したこともあるし、自分の家に女を連れこまれたこともあったそうで、ますます「私なんて愛されるわけがない」という観念を強めていったのでした。

そんなときに例の彼とつきあいをはじめたわけです。

その彼はとても優しく、いつも彼女の味方をしてくれました。根気強く話を聞いてくれるカウンセラーのような存在であり、同い年だけど、安心して甘えられる兄のような存在でした。

「私は愛されるわけがない」と思っている彼女が、そんなふうに優しくされたらどうなるでしょう？

そう、たくさんテストしたくなるんです。

「ほんとうに私のこと愛してるの？　じゃあ、このハードル飛んでみせてよ！」と彼を試すようなことをたくさんしてしまうのです。

この愛を試すテスト、実は、あの罪悪感がつくりだしたものにほかなりません。

そもそも「私は愛されるわけがない」という思いは罪悪感からきています。罪悪感は自分を傷つけ、しあわせにしない感情です。**その思いを強く持っている彼女は、彼から愛されるたびにそれを否定するような態度をとらざるを得なかったのです。**

実際、彼にひどいことをしてしまったあとは強い罪悪感に襲われ、そして、彼に謝罪したこともあったそうです。彼はそれを「いいよ。僕は大丈夫だから」とゆるしてくれたのですが、自分では自分をゆるすことができず、どんどん罪悪感が積み重なっていくようになりました。

そして、彼女はまるでお母さんがお父さんにしていたように、また、元カレが彼女自身にしていたように、彼に対して暴言を吐いたり、愚痴や悪口を言ったりするようになります。

彼女は頭のいい方ですので、つきあっているときにそのことに気づいていたそうです。

「気がつけば、私はお母さんと同じことをしてしまっているんです。それがものすごく嫌で、それで彼のもとを離れたくなったこともありました」

彼女はお母さんのことをとても嫌っていました。それだけのことをされたんですから。しかし、そんなお母さんと同じことをしている自分に気づいたとき、ますます自分のことも嫌いになってしまいます。

こうした悪循環が繰り返され、彼女は罪の意識から彼とつきあっていることが苦しくなってしまいました。

「彼が優しくしてくれるたびに、私は責められているような気持ちがしていました。なんで怒らないの？　なんで私を叱らないの？　と心のどこかでいつも思っていたんです」

また、彼のプロポーズを受け入れたのは、今から思えば罪悪感からだったと言います。「これだけひどいことをしたんだもの。結婚しなければいけない」と。

だから、結婚が決まって大喜びしている彼とは真逆で、彼女は一緒にいることがますます苦しくなってしまいました。そして、別れを切り出すことになったのです。

そんな彼女の人生を聞いていると、彼女を責められないなあ、という気持ちになります。

私はそんな彼女に「あなたはなにも悪くないですよ」と伝えました。それだけの事情があったんだから、その彼の優しさや愛情が怖くても仕方がありません、と。そして、「自分では意識していないけれど、彼をテストしてしまう気持ちも無理ないでしょう。そもそも彼と出会うまで、そこまであなたのことを受け入れ、理解し、愛情を示した人がほとんどいなかったのだから、あなたがそういう態度をとってしまうのも、ほんとうに無理のないことですね」と伝えました。

ほんとうに助けたかったのは愛する母だった

そして、おそらく一番重要なポイントだろうと思うお話を伝えました。

「お母さんと同じことを彼にしてしまった理由はなんだと思いますか？

それくらい、あなたがあのお母さんを愛していた証拠なのですよ。今では嫌いになったけど、あなたがお母さんのことを愛していたことは覚えているでしょう？

だってあんなにもお母さんを支えてきたんですもの。毎日愚痴や悪口を聞きながら、お母さんを励ましてきたんでしょう？　迷惑をかけないように、と気を使ってきたでしょう？　それって愛がないとできないことですから。**でも、そんなお母さんを助けられなくて、あなたは無力感と罪悪感を抱えてしまったんですよね。**

だから、あなたが好きになる人は、今まで傷ついた、助けが必要な人ばかりだったんじゃないでしょうか。でも、ほんとうはお母さんを助けたかったんですよね。

どれくらい自分が、あのお母さんを愛していたか、わかりますか？

でも、愛していたがゆえに、お母さんを真似たのかもしれないんです。

なんで、あのお母さんがそんなに苦しむのかを理解するのに、お母さんと同じことをするのが一番ですから。

だから、彼に対してお母さんみたいなことをしてしまったんです。

ということは、もうお気づきですよね？　**あの優しい彼は、かつてのあなた自身だったということを。**彼があなたにしてくれたことを覚えてますよね？　あなたもかつてはあんなふうに献身的にお母さんに尽くしていたんじゃないでしょうか？　嫌味を言われても笑顔で受けとめ、暴言を吐かれても心配したんじゃないかな？

そうしたら、お母さんが抱えている膨大な罪悪感も理解できませんか？

あなたが彼に対して感じている罪悪感。それはそのまま、お母さんがあなたに対して感じている罪悪感と同じじゃないでしょうか？

お母さん、あなたに愚痴や不満を漏らしながら、今のあなたと同じような気持ちだったんです。どれくらいお母さんが苦しまれていたのか、もう理解できたんじゃないでしょうか？」

自分を愛してくれた彼ともう一度、やり直したい

話の途中から彼女の頬には大粒の涙が流れてきていました。饒舌な彼女が黙りこみ、途中からは嗚咽を漏らしはじめます。

お母さんのことを愛していたがゆえに、お母さんと同じような人生を歩んでいた彼女。

そして、その罪悪感ゆえに、自分をとても愛してくれる人を受け入れられなかった経験までも、真似してしまったのです。

「お母さんもこんなに苦しかったんですね。全然そんなふうには見えなかったけれど、今の私もそんなに苦しんでいるように見えないですもんね。すごくわかりました。けれど、彼は私のせいであんなにひどい目に遭ってしまいました。どうしたらいいんでしょう？」

彼女は涙を浮かべた目で私を見つめました。私の答えはシンプルです。

「彼に会いにいってきたらどうでしょう？　そして、もう一度、謝ってきてください。もし、気が向いたら、またやり直してみたらどうでしょうか？」

彼女はハッとした表情で私を見て、そのままセッションルームを出て彼のもとへと向かいました。

その先はみなさんもご想像のとおりです。彼は彼女と別れた後にすぐに別の女性とつきあいはじめたのですが、うまくいかずに別れてしまっていました。彼もなぜか彼女のことが忘れられずにいたのです。

そのましあわせになってくれるといいのですが、「便りのないのは良い知らせ」を地でいく職業ですから、ただ、そう祈るばかりです。

POINT

お母さんのことを愛するがゆえに、お母さんと同じような人生を送り、かつての自分と同じようなパートナーを持ち、その関係性を再現してその気持ちを理解しようとすることがあります。そのからくりを理解できれば、罪悪感から解放され、自分がしあわせになることをゆるせるようになります。

「愛」をもとに、パートナーの抱える罪悪感を癒す

仕事が忙しすぎる夫とセックスレスの関係に

ある女性がご主人との関係を相談しに来られました。

結婚して4年目。そろそろ子どもがほしいのですが、ご主人の仕事が忙しすぎて、全くそういう関係にならないとのこと。気がつけば半年近く、セックスレスになっています。彼女も30代半ばにさしかかり、年齢的にも出産を焦っていました。

旦那さんについてお話をうかがうと、彼が強い罪悪感を抱えていることがわかってきます。

コンサルタント業を営む旦那さんは深夜まで仕事にかかりきりで、土日もないような、典型的なハードワーカーです。聞けば結婚前にはＭＢＡの資格をとるために働きながら大学に通っていて、そうしたハードワーク生活は、かれこれ10年近くにわたっ

ているとのことでした。

彼女は彼の心身の状態を心配して、少しでも体にいい食事を作ったり、居心地のよい家を作ったり、できるだけ彼の話を聞いたりとサポートをしているのですが、彼は彼女に「申し訳ない。仕事が落ち着いたらゆっくりしよう」と口癖のように言うだけで、全然仕事量を減らそうとはしません。いつもなにかに追われるような目をしていて、一時も心が休まるときがないようでした。睡眠時間は毎日3〜4時間。しかも、うなされることも多いようで、彼女の心配は尽きません。

旦那さんの実家は、お父さんがアルコール依存症で、毎日のようにお酒を飲んでは暴言を吐いていたそうです。お母さんはそれにじっと耐えるうえに、お金がなかったのでパートに明け暮れる日々。「両親が笑っている顔は見たことがない」と旦那さんは言うそうです。

そのため、彼は長男として、お母さんに迷惑をかけまいと、幼いころからずっと「いい子」をしてきました。弟がひとりいるのですが、彼は時に親代わりをしてきたそうです。

頭がよく、成績もよかったので、進学校から一流と言われる大学に進んだのですが、学業の傍ら、バイトをして家族を支えてきたといいます。

話を聞きながら、旦那さんは、とても強い罪悪感を抱えられていることが伝わってきました。

この本をここまで通読されてきた方ならばおわかりかと思いますが、**お母さんを助けられない無力感（罪悪感）がとても強く、それゆえ、人に迷惑をかけないようにずっといい子をしてきたのです**。当然、反抗期はなかったそうです。

さらに深く見れば、お父さんを救えない罪悪感も彼の心の中にはあります。お父さんはアルコールに依存していますが、彼は仕事に依存してる状態です。対象は違うけれど、同じく依存症といえるくらいハマりこんでしまっています。

そして、お母さんがじっと耐えるタイプであったように、彼の奥さんである彼女もまたハードワークを続ける彼を黙って支えています。

そして、彼を助けられないことで、奥さんもまた無力感（罪悪感）の罠にハマってしまっているのです。

アファメーションで「癒着」を切り離す

私はそこで「ご主人を助けたいですよね？」と彼女に聞いてみました。

彼女は「もちろんです。私になにができるのでしょうか？　考えられることは全部やっているつもりですが、全然うまくいかなくて」とうつむいてしまいました。

「まずは、あなたが罪悪感を手放す必要があるみたいですね。まさか、ご主人を助けられない私はダメだ、なんて思っていないですよね？（笑）」

「すごく思っちゃってます（苦笑）」

罪悪感は「癒着」をつくりだします。また、夫婦は同じ感情で苦しむものです。旦那さんが重たい十字架を背負っているのならば、その横を歩いている奥さんもまた彼と同じ十字架を背負ってしまうのです。それはもちろん、彼女が彼を愛しているからですけれど。

だから、その「癒着」を切り離すことをまずは提案しました。


「私は私、夫は夫。

私は私でしあわせになるし、彼は彼でしあわせになれる。
私は彼の選択を支持し、彼の選択を応援します。
私は私でしあわせを選びます」

P154で紹介した、アファメーションを唱えていただくことにしました。これは「癒着」を切り離して、自分軸をとりもどすときに私がよく使うもので、毎日唱え続けると意外なほどに効果的なものです。

そして、彼女には「極端にいえば、彼は勝手にハードワークをしていて、私には関係ない、というくらいの気持ちでいるといいですよ」とお伝えしました。ちょっと冷たいように聞こえるかもしれませんが、「癒着」してしまっている2人を切り離すために、あえて厳しい言葉を使ってみたのです。

そして、自分軸をとりもどすべく、彼女には「ご主人とは関係なく、好きなことをできるだけしてください。自分が笑顔になれることを日々探してひとつずつやっていきましょう」という提案をしました。

旦那さんのことを助けたいという気持ちが強いと、つねに彼のことが頭の中を支配するようになります。そうすると**自分のことを後回しにする「自己喪失状態」に陥ってしまう**のです。それは、溺れている人を助けるために水に飛びこんだのに、一緒に溺れてしまい、お互い共倒れしてしまう姿とかぶります。だから、まずは、自分を救うことが先決と考えます。

彼女はそのセッションの帰り際、「主人にはどう接したらいいのでしょうか？　なにをしてあげたらいいのでしょうか？」と私に聞きました。

私は「今、やってらっしゃることでまずは十分ですよ。でも、無理はしないでくださいね。共倒れになっちゃいますから。だから、自分がやってあげたいな、と純粋に思うことだけやっていただければ大丈夫です」と伝えたのです。

夫は夫、私は私。自分のやりたいことに専念する

その後、彼女は旦那さんに遠慮してやっていなかったことを思い切ってやってくださいました。とはいえ、それは友だちとランチに行くことだったり、以前から興味のあった習いごとをはじめることだったり、時々実家に帰ることだったりと、ごくごく

ふつうのことです。「がんばってる彼に申し訳ない」と、いつしか彼女も禁欲生活に入ってしまっていたのです。

2回目にお会いしたとき、前回よりも表情が明るくなったように思えました。すると彼女は最近、笑うことが増えたと報告してくれました。それまでは彼の前では無理に笑顔をつくっていたそうですが、今は自然に笑えることが増えたそうです。

罪悪感という感情は、笑顔すら自分にゆるしません。だから、笑えるようになる、ということはそれだけ罪悪感を手放せたという証でもあるのです。

そこで、私は彼女に彼の罪悪感を癒す方法をいくつかお伝えすることにしました。

「ありがとう」をできるだけ伝えること。感謝はP158で紹介したように罪悪感を溶かす効果があります。

「愛してる」などの愛情表現を伝えること。時にこれは相手にプレッシャーを与えることもありますが、いつも与えることばかりで受けとることが苦手な旦那さんですから、そのリスクを考えても効果的だと考えました。

そして、たくさん彼をほめること。これも愛情表現と同じですが、すでに彼女は以前からやってこられたことでもありました。

そして、次のようなイメージワークを彼女にお伝えしたのです。

目をつむって、あの苦しそうにうなっているご主人の顔を思い浮かべてください。

その彼の顔を優しく、ただ、撫でてあげます。

あなたの手からは優しい光が出て、

あなたが触れたところがそっと光り出します。

そして、その光はスーッと彼の体の中に消えていきます。

あなたの手から出るその光は慈愛深く、愛に満ちたものです。

あなたが彼に触れるたびにその愛が彼の中に染みこんでいく様子を感じてみてください。

そうすると彼の体が少しずつ小さくなり、大人から青年に、青年から少年にどんどん変わっていきます。
そして、無邪気な幼い子どもになり、かわいらしい赤ちゃんになりました。

その赤ちゃんをそっと抱き上げてください。
どんな表情をしているでしょうか？
寝ていますか？
それとも目を開けていますか？

その赤ちゃんに沐浴をしてあげます。
ちょうどよい温かさのお湯にそっと入れてあげてください。
そして、その体を優しく、丁寧に、そっと、洗ってあげます。

そして、やわらかいタオルで包んでその体をふいてあげ、
きれいなおくるみを着せてあげます。
あなたがそっと抱きあげると
その子はあなたの腕の中ですやすやと寝はじめます。

安らかな、安心しきった表情をしている様子をただ眺めてみてください。
そうすると、今度は徐々にその子の体が大人に戻っていきます。
あなたは、そっとベッドに寝かせ、おふとんをかけてあげます。
少年から青年に、そして、大人へと大きくなって、今の彼に戻りました。
穏やかな、安らかな、そして、深い寝息を立てている彼を
イメージしてみてください。
そして、また頭をそっと撫でてあげながら、
意識をここに戻してきてください。

このイメージワークはまず、妻が自分自身の罪悪感を癒すことにも役立ちます。そして、自分が夫を助けられるという自信を植えつけてくれるものでもあります。
また、ほんとうに不思議なことなのですが、妻がこのイメージワークを続けていると、夫にも変化が訪れるのです。やはり夫婦は見えないところでつながっているから

でしょうか。

夫が、関係が、変わり始める

この2回目のセッション以降、彼女はだんだん自信をとりもどしてきました。自分なりに毎日を楽しむようにし、旦那さんに対して今できることをして、時々、先ほどのイメージワークをしていました。

そうして1ヵ月ほどが過ぎたころでしょうか。旦那さんとしては異例の夜9時くらいに帰宅したのです。そして、「明日から休めそうなんだ。ずっと家で待たせてばかりでごめん。ちょっと温泉にでも行かないか?」と提案してきたのです。

実は旦那さんの仕事が忙しすぎて、新婚旅行も先延ばしになっていて、旅行といえば、年末年始めに1泊で彼女の実家に帰ることくらいだったのです。もちろん、彼女に異論はありません。彼はすぐにインターネットで翌日から泊まれる箱根の宿を見つけて、一緒に出かけたのでした。

とはいえ、旦那さんもホッとして疲れが出たのでしょう。箱根に向かう電車の中でも、宿についてからも、ひたすら寝ていました。彼女はそれを全然退屈だとは感じませんでした。その寝顔があのイメージワークの中で見た、とても穏やかなものだったからです。そして、ようやくとれた休みに、彼女が前から行きたがっていた温泉に連れて行ってくれるのですから、彼に愛されているということも伝わってきました。

彼女は彼を部屋に置いてひとりお湯に浸かったり、散策したりして箱根を満喫していました。

そうすると翌朝、たっぷり眠って元気をとりもどした彼に久々に誘われ、レスも解消することになったのです。

帰りの電車の中で、彼女はしあわせな気持ちを味わいながらも、今まで自分が感じていたことを彼に伝えました。

体をもっと大事にしてほしいということ。

仕事をがんばる姿も好きだけど、がんばりすぎてしまうのは、あのお父さんと同じ依存症みたいだということ。

そして、自分も彼を助けたくて仕方がなくてカウンセリングに通っていたこと。

彼はその話をただ黙って聞いてくれました。

そして、「君にそんな思いをさせていたとは正直気づいていなかった。申し訳ない気持ちと、そこまで僕のことを思ってくれているありがたさとで胸がいっぱいになりそうだ」と笑顔で言ってくれました。

それ以来、彼は「遅くても10時には帰る。土日のどちらかは休みにして君と一緒にいる」ということを約束してくれています。

子作りにもようやく本腰を入れることができたそうなので、私は新たなしあわせ報告を首を長くして待つことにしたいと思っています。

POINT

夫婦関係がうまくいかないときに相手を責めるのは簡単なこと。
相手を理解し、自分の中にある愛をもとに行動することで、
お互いの関係を、驚くほど変えることができます。
愛を使えば、罪悪感に苦しむパートナーを、
癒すことだってできるのです。

エピローグ　あなたは「そのまま」しあわせになってもいい

罪悪感という感情は、私たちをしあわせにしないためにあらゆる罠を仕かけてくる悪者のように思いがちなのですが、その裏には愛があり、愛があるからこそ生まれる感情ともいえるものです。

だから、**罪悪感を排除するために血道を上げるよりも、その感情と上手につきあっていく方法を会得するほうが、より簡単にしあわせになる**と考えています。

罪悪感にフォーカスが当たっているときは、とても自分がしあわせになっていい、なんて感じられないものですが、意識を少しずらして見れば、そこに愛があることに気づくことができます。そうすると私たちは、すぐにしあわせを感じることができるようになります。

だから、私はその罪悪感の裏側に隠れている愛の存在に気づいていただきたく、ここまで筆を進めてきました。それは**「罪悪感があろうが、なかろうが、あなたは今、**

そのままでしあわせになれる」ということを知っていただきたいからです。

罪悪感によって自分を強く罰しているとき、あなたの大切な人は、あなたのその姿を見て悲しみ、時には苦しみます。その大切な人たちの思いを受けとることができれば、あなたはすぐに罪悪感から目をそらし、その愛に感謝することができ、すぐにしあわせになれるのです。

私は長年のカウンセリングやセミナーを通じて、しあわせになるにはなにかを得なくてもいいし、そのためにがんばらなくてもいい、という思いに至りました。

今、そのままのあなたのままで、しあわせになれるのです。

そのためにやることは、自分が意識をフォーカスさせている対象を、罪悪感から愛に切り替えるだけなのです。

本書では、そのための考え方ややり方を紹介し、そのためにできるだけ多くの事例にページを割いてきました。そうしたお話からあなたがインスピレーションを得て実践し、その効果を実感していただければ幸いです。

罪悪感から抜け出せると、不思議なくらい心が軽くなり、まわりの景色が明るくなり、そして、前向きな気持ちが自然とわき上がり、今、ここにいられることに喜びと感謝の思いがあふれてきます。

かくいう私もいまだに罪悪感の罠に引っかかることもあり、そのたびに意識を切り替えて愛や感謝にフォーカスをするようにしています。そのせいか、かつては鉛のように重かった心も、今ではすっかり軽くなったように感じています。

「今のままで、そのままの私で、十分しあわせを感じられる」

私が本書を通じて一番お伝えしたいことはこの言葉なのです。

あなたが今よりさらにしあわせな人生を過ごせますよう、いつでも応援しています。

本書を著すにあたりディスカヴァー・トゥエンティワン社のスタッフのみなさん、いつも応援してくださる受講生や読者のみなさん、そして、私の仕事を支えてくれるスタッフ、日常のあらゆる面で喜びと学びを与えてくれる家族にあらためて感謝します。みなさんのおかげで今日も私は生きています。ありがとうございます。

２０１９年６月　根本裕幸

いつも自分のせいにする
罪悪感がすーっと消えてなくなる本

発行日　2019年6月15日　第1刷
　　　　2019年7月4日　第3刷
Author　根本裕幸
Illustrator　カバー：ながしまひろみ　本文：髙栁浩太郎
Book Designer　小口翔平＋喜來詩織＋永井里実（tobufune）

Publication　株式会社ディスカヴァー・トゥエンティワン
〒102-0093　東京都千代田区平河町2-16-1 平河町森タワー11F
TEL　03-3237-8321（代表）03-3237-8345（営業）
FAX　03-3237-8323
http://www.d21.co.jp

Publisher　干場弓子
Editor　大山聡子　谷中卓

Marketing Group
Staff　清水達也　千葉潤子　飯田智樹　佐藤昌幸　谷口奈緒美　蛯原昇　安永智洋　古矢薫
鍋田匠伴　佐竹祐哉　梅本翔太　榊原僚　廣内悠理　橋本莉奈　川島理　庄司知世
小木曽礼丈　越野志絵良　佐々木玲奈　高橋雛乃　佐藤淳基　志摩晃司　井上竜之介
小山怜那　斎藤悠人　三角真穂　宮田有利子
Productive Group
Staff　藤田浩芳　千葉正幸　原典宏　林秀樹　三谷祐一　大竹朝子　堀部直人　林拓馬
松石悠　木下智尋　渡辺基志　安永姫菜

Digital Group
Staff　伊東佑真　岡本典子　三輪真也　西川なつか　高良彰子　牧野類　倉田華
伊藤光太郎　阿奈美佳　早水真吾　榎本貴子　中澤泰宏

Global & Public Relations Group
Staff　郭迪　田中亜紀　杉田彰子　奥田千晶　連苑如　施華琴

Operations & Management & Accounting Group
Staff　小関勝則　松原史与志　山中麻吏　小田孝文　福永友紀　井筒浩　小田木もも
池田望　福田章平　石光まゆ子

Assistant Staff　俵敬子　町田加奈子　丸山香織　井澤徳子　藤井多穂子　藤井かおり　葛目美枝子
伊藤香　鈴木洋子
石橋佐知子　伊藤由美　畑野衣見　宮崎陽子　並木楓　倉次みのり

編集協力　塚越雅之
Proofreader　文字工房燦光
DTP　朝日メディアインターナショナル株式会社
Printing　共同印刷株式会社

本書へのご意見ご感想は下記からご送信いただけます。
http://www.d21.co.jp/inquiry/

ISBN978-4-7993-2481-3